U0064902

融合式學前特教班

教學手冊

吳淑美　著

作者簡介

吳淑美

現職

國立新竹師範學院　特殊教育學系教授

學歷

國立政治大學　心理學學士

美國密蘇里大學　兒童及家庭發展碩士

美國密蘇里大學　統計碩士

美國密蘇里大學　特殊教育哲學博士

經歷

國立新竹師範學院　副教授・教授

國立新竹師範學院　特教中心主任・特教系創系主任

竹師實小　學前及國小融合班創辦人

著作

著有《病弱兒之教養》、《融合式課程設計》等書

其餘尚有主編之融合班多層次國語科教材等書及專題研究報告十種

作者序

　　本書是學前融合教育系列中的第五本——融合式學前特教班教學手冊，它和第四本「學前融合班教學手冊」都是以教學手冊的方式撰寫。兩本教學手冊屬不同的教學模式，本書的教學模式比較類似一般的學前特教班，例如：學前啓智班，班上的學生組成以特殊幼兒爲主。所謂融合式學前特教班指的是班上除了特殊幼兒外尚有普通幼兒融入班上，但教學方式較以特殊幼兒爲主。

　　本書分成八章，先討論教學原則、作息的安排，再討論如何擬定教學計畫及聯結教學，並以一週教學計畫爲例，説明如何安排一週及一天的教學活動。爲了解整學期教學的連續性，特以連續六週的教學計畫爲例，並將教學活動中達到的目標與教學對象的個別化教育目標對照，以了解教學是否符合特殊幼兒的需求。透過實際的例子讓讀者了解週延的教學計畫是可同時符合同一小組中特殊幼兒的需要，而達到因材施教的目的。

　　最後仍要感謝竹師實小學前融合班提供了實驗的場所，讓實務工作得以有驗證的機會，亦希望讓讀者明瞭當教學對象不同時，課程內容是需要調整的。

吳淑美　謹識

於國立新竹師院　特教系

一九九八年九月

(iv) 8 融合式學前特教班教學手冊

目　錄

壹

教學原則

　　竹師實小逆向融合班上課時間為星期一、二、四、五下午 2:00～4:30
及星期三、六早上 8:30～11:30，教學對象為中重度殘障幼兒及就讀全日
班之普通幼兒，普通幼兒與特殊幼兒融合比率為 1：1，上課方式和上午
之正向融合班有明顯不同，教學較以特殊幼兒為主。以下是教學原則的介
紹：

1. 課程設計應遵照作息表上列的課程內容，例如認知語言課時列出和
   認知語言相關的活動，而不是列出和領域不相干的活動。
2. 填寫課程計畫表時，應將活動目標及材料列出。
3. 設計語言課程時應依幼兒的需要及程度，多參考嬰幼兒語言發展量
   表上的教學目標。
4. 特殊幼兒的教學須依據幼兒的程度進行教學，教學才有意義。
5. 遊戲社會技巧可利用某一段時間（每天十分鐘），在固定的地點
   （如角落）進行。
6. 要多使用玩具而非教具，特別是在組成遊戲團體訓練遊戲社會技巧
   時，俾能增進遊戲及社會技巧。
7. 感官、精細及認知領域要結合，老師要善於引導幼兒，遊戲社會技
   巧多用玩具，形成一個活動，讓幼兒一起玩。
8. 精細活動不只包含美勞活動，尚可加入其它活動如拼圖、串珠，亦
   可加強感官之練習，以觸、摸、捉、抓等，帶入教學活動中。
9. 認知可以和精細領域結合在一起，教導語言之時間應獨立出來。
10. 電腦教學可配合每週單元與之結合。
11. 每天有二段大團體時間，小朋友圍成一個圓圈，型態可以是一動
    （例如放兒歌做動作）一靜（例如聽故事）。
12. 各小組的教學領域尚未把握的很恰當，例如上認知課時教學內容卻

是精細，仍需加油。

13.教學要有順序及視需要做工作分析。

14.語言教學仍嫌不夠，應以較具體性的事、物為題材來教導幼兒，如此幼兒方能吸收，對特殊幼兒幫助亦較大。

15.語言教學應重順序及難易，且同一天的活動不宜一次教三種不同的音，太難的音應放在最後才教。

16.語言學習要加強動作模仿，因為動作模仿是語言發展的基礎。

17.教學中缺乏語言及遊戲本位之教學，功能性遊戲須參考環境語言課程。

18.用課程為本位評量以找出幼兒的起點。

19.教學目標的擬定可根據普通幼兒的學習內容、功能性原則及工作分析而擬定。

20.教學目標通常可適用於小組教學亦適用於團體教學，例如語言教學目標既可在團體教學亦可在小組教學中執行。

21.老師亦可以根據幼兒的學習需要，把一些目標貼在教室中適當的角落，例如在設立大動作角時應安排球（接球）、平衡木（平衡）等器材，亦可以把幼兒的名字貼在牆上或角落，並列出適合他們的目標。

　　無論是學前特教班或是融合班，甚至是普通班，在學前階段教學的領域都是以認知、語言、動作（大動作及小動作）、社會及生活自理為主。和學前融合班比較，竹師實小逆向融合班的課程完全按教學領域安排，並且將某些領域合併，以符合特殊幼兒所需。它和隔離式的學前特教班課程安排較類似。

貳

作息之安排

作息主導整個教學的進行。作息訂定後，課程就可依據每一段作息的性質來安排，教師日誌及觀察紀錄表亦可配合作息表而設計。

一、作息表

作息的安排共有三段小組時間，每段約十五～二十分鐘，分為認知／語言、認知／精細及遊戲／社會三個小組，另有二段大團體時間，著重在動作、語言及社會性的學習，點心時間以生活自理訓練為主，戶外時間則以大動作訓練為主，透過作息的安排，將學前特教的五大領域都帶到，下頁是融合式學前特教班的作息表及每段作息的活動安排。

融合式學前特教班作息表

時　　　間	活動內容	備　　　註
2:00～2:15	大團體活動（點名、問好）	抽出二位孩子做聽能訓練
2:15～2:35	小組活動㈠ 認知／語言	
2:35～2:55	小組活動㈡ 精細、感官／認知	
2:55～3:15	點心、廁所	
3:15～3:35	戶外活動	抽出六位孩子至地下室做感覺統合
3:35～3:55	遊戲社會技巧	
3:55～4:10	大團體活動（歌謠、律動）	抽出六位孩子至地下室做復健
4:10～4:30	放學／電腦	

在作息表中每天都有二十分鐘的戶外時間，一個星期戶外活動安排如下。

戶外時間活動安排表

星　　期	活　　　　　動	備　　註
一	戶外場、感覺統合	學生分二批
二	校園（餵魚）、大自然觀察	
四	沙及水的遊戲	遊戲中帶入概念
五	戶外場、感覺統合	

至於每天作息最前段及最後段的大團體時間，基本上是採一靜一動方式交錯進行，活動安排如下。

大團體時間活動安排表

星　　期	活動㈠ 2:00～2:15	活動㈡ 3:55～4:10
一	單元介紹	團體遊戲
二	律動、兒歌	童詩／故事
四	律動	節奏樂器／表演
五	分享	主題活動

由於課程安排較以特殊幼兒為主，因而每段作息時間都只有十五～二十分鐘，以利特殊幼兒參與學習。

二、教室日誌及觀察紀錄表

作息確定後，所有的觀察及紀錄都應填入作息時間，以了解作息及事件間的關係。例如教室日誌用來記錄教室當天發生的特別事項，配合作息紀錄及觀察時，既可分析作息與事件之間的關係，亦可發揮教室日誌既有的功能。配合作息設計之教室日誌及觀察表如下。

融合式學前特教班教室日誌

日期：＿＿＿＿＿

時　間	作　息	紀　錄　事　項
2:00 〜 2:15	大團體	
2:15 〜 2:35	小組(一) 認知／語言	
2:35 〜 2:55	小組(二) 認知／精細	
2:55 〜 3:15	吃點心 上廁所	
3:15 〜 3:35	戶外遊戲／ 感覺統合	
3:35 〜 3:55	小組(三) 遊戲／社會	
3:55 〜 4:10	大團體 歌謠教唱	
4:10 〜 4:30	放學	
備註		

觀 察 紀 錄 表

對象：_____

地點：_____

日期＼教學型態	大團體（室內）	小組㈠	小組㈡	小組㈢	大團體（戶外）	備註

整學期教學單元安排

　　每學期教學單元的安排都是朝具體及生活化的方向，亦即選擇的單元都是和幼兒生活有關的事物。單元與單元間傳遞的內容是有聯繫且相關的，例如單元名稱「學校」、「上街」及「住的地方」等都和人有關。以下是融合式學前特教班整學期教學單元名稱、教學單元的內容及教學單元的目標。

整學期教學單元及單元目標

單元	日期	名　稱	星期	教學內容	教學目標
一		學校	一	上學去（家→學校）	上學有什麼好處
			二	我們的學校	學校有哪些人
			三	老師與同學	
			四	教室佈置與整理	教室有哪些物品
			五	上課了（班級規則）	
二		上街	一	車子	認識車子的特徵
			二	交通標誌	
			三	路上看到什麼（人）	街上有什麼人
			四	商店	
			五	快慢	
三		住的地方	一	房子及人	住的房子
			二	泥土、石頭	房子附近有些什麼物品
			三	花、草	
			四	小蟲、小鳥	
			五	花園	認識家附近的公園
四		吃	一	蔬菜與水果	認識顏色
			二	麵包與糖果	數一數
			三	米	洗米、抓一把米
			四	家禽與家畜（肉）	認識肉
			五	市場／買東西	買賣物品／數的認識
五		郊遊去	一	山與水	
			二	樹與葉	
			三	鳥與蝴蝶（昆蟲）	
			四	野生動物	
			五	去爬山	

（續上表）

單元	日期	名　稱	星期	教學內容	教學目標
六		河流與海洋	一	水	
			二	魚	
			三	比一比	
			四	橋與船	
			五	游泳	
七		天空	一	太陽、星星、月亮	
			二	空氣和風	
			三	雲和雨	
			四	彩虹與顏色	
			五	飛機	
八		科學世界	一	聲音	
			二	認識電器	
			三	冷與熱	
			四	影子與光線	
			五	照鏡子	
九		我愛大自然	一	我們的地球	
			二	環境衛生	
			三	垃圾分類	
			四	廢物利用	
			五	大掃除	

　　上述教學活動的安排是以單元主題為題材，而不是完全跟著主題走。例如在教導數之概念時，可配合不同的主題來教導數，例如上到魚時，用魚當材料教導幼生數魚的數目，教到飛機時則數飛機的數目。

整學期教學聯絡計畫

　　教學聯絡計畫指的是將各種科目及領域統整在一個主題之下，如此教學不會因科目不同而產生各自為政的情形。因此在開學前除了訂定教學主題外，亦須做出整學期各領域之教學聯絡計畫，在作息的安排上每天都有三段小組的時間，每段時間為十五～二十分鐘，三段小組時間分別以認知／語言、認知／精細及遊戲／社會等三種技巧的訓練為主，事實上每一段小組時間同時涵蓋了兩種領域（例如認知與精細）的活動。

　　在教學計畫表中，語文探索、科學探索、數學探索及認知活動都可放在認知／語言的時段中進行，兒歌歌謠則放在大團體活動中進行，至於精細／藝術探索活動可放入認知／精細的時段中進行，戶外時間則進行大動作及感覺統合的訓練，至於社會學習活動則放在遊戲／社會時段或戶外教學中進行，一天三段小組時間，每週上四天課，則至少需安排十二個活動，下頁計畫表中所安排的活動雖不夠，但有些活動可進行兩天，因而只需稍做調整即可。

　　在融合式學前特教班中特殊幼兒人數比普通幼兒多，因而在課程的安排上須考量是否符合功能性及實用性。單元雖和一般幼稚園類似，但融合式學前特教班中選擇的單元較具體，且每個單元進行的時間較長。

融合式學前特教班教學聯絡計畫表

對象：三位特殊幼兒及二位普通幼兒　　　　　　期間：＿＿＿＿＿＿

方案	單元名稱	認知活動	語文探索	數學探索	科學探索
郊遊去	美麗的花朵	花的成長	我的反應	數一數	影片欣賞
	可愛的昆蟲	昆蟲世界	誰是誰	配對	
	小小園丁	小小種子	問候語	順序	放大的世界
	車子嘟嘟嘟	車子快跑	注意聽喔	排次序	哪個較快
	交通工具	船和飛機	表達需求	物以類聚（分類）	遠和近
感官世界	視覺世界	美麗的顏色	不一樣	十分賓果	視覺訓練
	聲音世界	辨別聲音	我的感覺	胖子瘦子	什麼聲音啊
	觸覺世界	形狀	認識我	形形色色	觸覺探索
我們的食物	常吃的食物	好吃的食物	我最喜歡	金錢遊戲	常見的蔬菜
	媽媽我愛您	母親卡	祝福你	大大小小	多彩多姿
	嚐一嚐	不同的味道	停看聽	愈來愈多	百味香
科學世界	比比看	多少和高低	為什麼	哪一邊多	翹翹板
	科學遊戲	磁鐵和影子	我在做什麼	唱數兒	影子遊戲
		有趣的水	日常應對	保留遊戲	奇妙的水
動物大集合	陸上的動物	動物秀	牠的名字	有多少	位置正確嗎
	鳥類王國	小小鳥兒飛	有問必答	買東西	摸一摸
	海洋世界	魚兒水中游	海底奇觀	排一排	魚的世界

融合式學前特教班教學聯絡計畫表

對象：三位特殊幼兒及二位普通幼兒　　　　　　　　期間：＿＿＿＿＿

社會學習	兒歌歌謠	精細／藝術探索	其它主題活動	感覺統合／戶外	備　註
花開了	石頭畫	拼出花朵	梅園		
朋友在哪裡	小蟑螂	布花縫工	採草莓		
追趕跑跳碰	山	蘋果樹			
大家來坐車	車子嘟嘟	水管藝術			
水上奧運會	燈塔	摺紙船			青年節
釦子遊戲	小郵差	彩色人生			
打電話	大街上	點秋香			
大風吹	呼拉圈	小小建築師			
買賣遊戲	大頭菜	敲敲打打			
蜈蚣競走	媽媽了不起	彩繪蛋糕			
果醬大拼盤	三明治	布丁			
同心協力	逛夜市	穿線遊戲			
神射手	空氣進鼻孔	油漆高手			
家家酒	包粽子	包粽子			
誰跑得快	大河馬	黏土造型			端午節
鳥類大觀	小麻雀	拓畫			
與人共舞	小金魚	魚兒在哪裡			

（續上表）

一、週教學活動介紹

　　在單元主題訂定後，每週的課程就依據單元主題安排各個領域的教學
活動，首先要撰寫一週課程計畫表。在介紹一週教學活動前，擬先將各種
時期撰寫的一週課程計畫表呈現出來，以探討計畫表的內容是否隨著時間
更迭修改的更加實用。下頁開始有數種計畫表的格式，都是做為一週課程
計畫所用。

融合式學前特教班一週課程計畫表（格式一）

單元名稱：交通工具

時間	領域	大動作	認知／感官	精細動作	認知／語言	遊戲／社會
五月十八日（星期一）	活動名稱	治療球	飛機	摺紙	飛機	擲紙飛機
	課程內容	・坐 ・趴 ・仰躺 ・擠壓	・知道「飛機」名稱 ・認識飛機的結構（門、窗……） ・知道飛機在天上飛	・隨意摺紙 ・模仿對摺 ・摺紙飛機	・各類飛機名稱仿說 ・句型「××在天上飛」	・分成二人一組或分成二組，相互擲紙飛機
五月十九日（星期二）	活動名稱	曲棍球	船	保力龍船	船	小小樂隊
	課程內容	・搓報紙團 ・捲報紙棍 ・將球打到定點	・知道「船」 ・分辨二～五種顏色的船 ・依紙船的顏色分類	・為保力龍上色裝飾船身（牙籤、蓪草、各類紙…）	・各類船名稱仿說 ・句型「××在水上漂」	・自選樂器 ・聽指示拍或停 ・與他人合奏
五月廿一日（星期四）	活動名稱	大小球	交通工具	黏土造形	交通工具(複習)	吹船大賽
	課程內容	・滾推球 ・一～三公尺傳球 ・投籃框	・各類交通工具的分類 ・數一數有幾部車或船	・捏黏土 ・搓長條 ・搓圓球 ・造形設計	・各類交通工具名稱仿說 ・聽指令（去××拿××給我）	・指認自己做的保力龍船 ・吹船比賽
五月廿二日（星期五）	活動名稱	球池	什麼聲音	海陸空大集合	交通工具(複習)	律動
	課程內容	・全身性按摩（在球池內躺、趴、坐、走）	・複習各類車子的名稱 ・聽聽各類車子的聲音（配合模型或圖片）	・將圖片貼在圖畫紙上 ・自由畫（水彩）	・複習句型 ・複習兒歌	・複習上週律動 ・幼生發出各類交通工具的聲音，配合律動

※請家長隨機指導各類常見之交通工具
※若家中有交通工具類玩具，請帶來與大家分享
※兒歌：小汽車叫嘟！嘟！嘟！
　　　　小火車叫嗚！嗚！嗚！
　　　　摩托車叫叭！叭！叭！
　　　　腳踏車叫鈴！鈴！鈴！

融合式學前特教班一週課程計畫表（格式二）

單元名稱：<u>交通工具</u>

時間＼領域	九月二十一日（星期一）	九月二十二日（星期二）	九月二十四日（星期四）	九月二十五日（星期五）	備註欄（目標）
小組（一）實物的功能遊戲	車子、圍棋	飛機、立體彩色配對	汽車二部	積木、汽車	知道玩具的玩法
小組（二）認知理解／語言表達	遵守指示：推車子、拿車子	遵守指示：開門、關門	汽車比賽理解快、慢	堆積木將之推倒	動詞理解與表達
	片語仿說：我會推車子	動詞表達：飛、飛來飛去	名詞表達、動詞表達：開車、坐車	名詞表達：積木、動詞表達：堆積木推倒	片語仿說、名詞表達、動詞表達
小組（三）精細動作	彩豆、蛋人	彩豆、蛋人	彩豆、蛋人	彩豆、蛋人	拿、放、插入、組合圖案
戶外／感覺統合	呼拉圈、跳跳床、治療球	呼拉圈、跳跳床、治療球	呼拉圈、跳跳床、治療球	呼拉圈、跳跳床、治療球	
大團體社會／動作模仿	點到名字舉手喊「有」並拍鈴鼓	點到名字舉手喊「有」並拍鈴鼓	點到名字舉手，並將手中小球投入籃內	點到名字舉手，並將手中小球投入籃內	知道點名的意義、認識同學

融合式學前特教班一週課程計畫表（格式三）

單元名稱：<u>客人到</u>　　　　　　　　　　　　日期：<u>82.3.8～82.3.13</u>

環　　境：<u>分成四組，每組三名特殊幼兒，二組同在一間教室</u>

時間	作息	一 (3/8)	二 (3/9)	四 (3/11)	五 (3/12)
2:00〜2:10	問好(1／1)	問好及自由活動	問好及自由活動	問好及自由活動	問好及自由活動
2:10〜2:30	大圍體（語溝）	大班 ·唱問候歌配合動作 ·團體遊戲：傳球給你	大班 ·肢體語言 ·團體遊戲：傳球運動	大班 ·問候歌＋律動 ·團體遊戲：打保齡球	大班 ·唱問候歌配合動作 ·團體遊戲：傳球給你
		小班 ·益智遊戲：大家堡	小班 ·手指遊戲	小班 ·扮演「拜訪朋友」（一組為客人，一組為主人）	小班 ·體能遊戲：翻山越嶺
2:30〜2:45	小組（認／語）	第一組 ·認知：茶杯、碗、湯匙（配對） ·語言：茶杯、碗、湯匙（仿說）	第一組 ·認知：茶杯、碗、湯匙（配對） ·語言：茶杯、碗、湯匙（仿說）	第一組 ·認知：茶杯、壺、碗、湯匙（分類） ·語言：茶杯、壺、碗、湯匙（仿說）	第一組 ·認知：茶杯、壺、碗、湯匙（分類） ·語言：茶杯、壺、碗、盤、杯子（仿說）
		第二組 ·認知：湯匙、碗、盤、杯子（配對） ·語言：湯匙、碗、盤、杯子（仿說）	第二組 ·認知：湯匙、碗、盤、杯子（數數） ·語言：湯匙、碗、盤、杯子（仿說）	第二組 ·認知：湯匙、碗、盤、杯子（配對） ·語言：湯匙、碗、盤、杯子（仿說）	第二組 ·認知：湯匙、碗、盤、杯子（指認） ·語言：湯匙、碗、盤、杯子（表達）
		第三組 ·感官：飲料之冷熱、酸甜 ·精細：倒飲料、拿住杯子	第三組 ·感官：滾球（小膠帶） ·動作：握、推	第三組 ·感官：飲料之冷熱、酸甜 ·精細：倒飲料、拿住杯子	第三組 ·感官：飲料之冷熱、酸甜 ·精細：倒飲料、拿杯子
		第四組 ·做客、待客禮儀（偶引導）	第四組 ·認識錢幣（數的概念）	第四組 ·數一數有幾位客人 ·甫：二十以內加法概念對應 ·軒、好、道：十以內數概念對應	第四組 ·數的對應：客人和座位 ·甫：二十以內加法概念對應 ·軒、好、道：十以內數概念對應

（續上表）

時間	作息	一 (3/8)		二 (3/9)		四 (3/11)		五 (3/12)	
2:45～3:00	小組（感/精）	第一組	·觸覺：冷熱感應 ·精細：杯、碗、湯匙貼畫	第一組	·觸覺：冷熱感覺 ·精細：杯、碗描剪	第一組	·感官：冷、熱、軟、硬 ·精細：茶杯、茶壺描線	第一組	·感官：冷、熱、軟、硬 ·精細：茶杯、茶壺著色
		第二組	·觸覺：冷、熱、軟、硬 ·視覺：形象與背景（找出筷子）	第二組	·視覺：顏色分辨記憶遊戲（紅、黃色的分辨） ·精細：吹畫（拉線畫）	第二組	·觸覺：冷、熱、軟、硬 ·視覺：形象與背景（找出筷子）	第二組	·觸覺：冷、熱、軟、硬 ·視覺：形象與背景（找出杯子）
		第三組	·認知：認識杯盤碗筷及湯匙 ·發音：練習吹氣、吸飲料	第三組	·精細：彩色膠帶畫 ·發音：練習臉部肌肉刺激	第三組	·認知：認識杯盤碗筷及湯匙 ·發音：練習吹氣、吸飲料	第三組	·認知：認識杯盤碗筷及湯匙 ·發音：練習吹氣、吸飲料
		第四組	·味覺遊戲：軟、硬、冷、熱	第四組	·摺紙貼畫	第四組	·手指畫	第四組	·沙畫
3:00～3:20	點心	點心時間		點心時間		點心時間		點心時間	
3:20～3:35	小組（功能遊戲）	第一組	·實物功能遊戲：別墅組合 ·動作模仿：站、坐	第一組	·實物功能遊戲：別墅組合 ·動作模仿：站、坐	第一組	·實物功能遊戲：別墅組合 ·動作模仿：站、坐	第一組	·實物功能遊戲：別墅組合 ·動作模仿：站、坐
		第二組	·實物功能遊戲：餐具組合 ·生活自理：洗杯子	第二組	·實物功能遊戲：投籃、積木、呼拉圈 ·肢體動作：背、手腕運動、腰部運動	第二組	·實物功能遊戲：餐具組合 ·生活自理：洗杯子、擦桌子	第二組	·實物功能遊戲：茶杯、壺、碗、盤
		第三組	·實物功能遊戲：食物模型、扮家家酒組合	第三組	·實物功能遊戲：汽車、球	第三組	·實物功能遊戲：食物模型、扮家家酒組合	第三組	·實物功能遊戲：食物模型、扮家家酒組合
		第四組	·掃帚、抹布、雞毛撢子	第四組	·餐具組＋食物模型	第四組	·沖茶、倒茶、調果汁、倒果汁（分辨茶、果汁味道及倒水技巧訓練）	第四組	·吐司捲—吐司捲成筒狀插入竹籤固定（練習塗抹果醬、捲的技巧，將吐司捲放入盤中與人分享）

（續上表）

時間	作息	一 (3/8)		二 (3/9)		四 (3/11)		五 (3/12)	
3:35 ～ 3:55	戶外(1/1)								
3:55 ～ 4:10	故事／回憶／放學	大班	·故事時間：嘟嘟講故事——農場的故事 ·牛、馬、羊、狗、貓、雞聲音辨別	大班	·故事時間：龜兔賽跑 ·語言＋肢體動作	大班	·故事時間：三隻小豬——農場的故事 ·牛、馬、羊、狗、貓、雞聲音辨別	大班	·故事時間：嘟嘟講故事——農場的故事 ·牛、馬、羊、狗、貓、雞聲音辨別
		小班	·故事演示：聲音圖書	小班	·故事扮演：我是小客人	小班	·故事：千人糕（邀請他人到家中做客）	小班	·故事：彎彎的生日會（被邀請參加生日會，帶著小禮物去以表示禮貌）

※（1/1）表此時段安排有個別輔導

陸

一 天教學活動介紹

　　在訂出一週課程計畫後，每日的教學活動就可依循一週教學計畫中安排的活動來進行，以下是一天的教學活動兩則，分屬不同的單元，除了列出每段作息的教學活動計畫外，並列出教學目標。

一、單元名稱：常吃的蔬菜

㈠教學計畫

時間	作息	教學內容	教具
2:00 〜 2:15	大團體	1.點名 2.請問今天的天氣、日期，並請小朋友掛上圖 3.歌曲──跟著我（簡易體操）	
2:15 〜 2:35	小組（認知／語言）（一）	1.拿出蔬菜實物，請問小朋友有沒有看過，老師一一介紹蔬菜的特性，並請幼兒實際觸摸感覺，要求小朋友說出蔬菜名稱，並依老師指示於二種及三種蔬菜中拿出一種交給老師 2.實物與圖卡同時呈現，請小朋友拿出與老師手中實物相同的圖卡給老師，完成後，去掉實物，請小朋友於二張及三張圖卡中拿出老師要求的圖卡 3.呈現相同顏色的蔬菜與積木，老師強調紅色的紅蘿蔔和紅色的積木都是紅色的，並請小朋友拿出與老師手中蔬菜同色的積木給老師 4.二種顏色的積木混合，請小朋友拿出全部同色的積木給老師	蔬菜實物、圖卡、積木
2:35 〜 2:55	小組（感官／精細）（二）	1.請小朋友拿各種不同粗細的蔬菜自由沾取顏料蓋印 2.老師於圖畫紙上畫圈，請小朋友於圈內蓋印 3.請小朋友依老師所指定的顏色沾取顏料蓋印	圖畫紙
2:55 〜 3:15	吃點心 上廁所		
3:15 〜 3:35	戶外遊戲／覺統合感	戶外場：秋千旋轉	秋千
3:35 〜 3:55	遊戲／技巧／社會	堆積木 1.請小朋友自由堆疊積木做造型 2.請小朋友自己向別人表達需要，如「幫我拿」……，並能向他人說「謝謝」 3.利用機會請問小朋友積木的顏色及形狀	積木

（續上表）

時間	作息	教學內容	教具
3:55 ＜ 4:10	大團體／復健	1. 滑板滑行 2. 趴在滾筒練頭部抬頭	滑板、滾筒
檢討		1. 為一連續之課程，可逐次增加蔬菜的種類 2. 透過蔬菜的介紹，延續前一單元所教之顏色概念，並加深課程，要求兒童分類 3. 利用蔬菜特性從事發展活動，成效不錯，如茄子切塊成軟印章（非常適合幼生抓握），豌豆取其豆莢中之豆子，更可訓練到手眼協調能力及量的概念（多、少），此外，亦可利用豆子玩吹氣遊戲	

㈡教學目標

教學目標的評量可以了解課程的設計是否符合孩子的需要，活動達到的目標及評量如下。

領 域	目 標	特殊幼兒的姓名		備 註
		①	②	
認　　　知	能指認物品－紅蘿蔔	∨	∨	
	－玉米	∨	∨	
	－茄子	∨	∨	
	能做實物與圖卡配對－紅蘿蔔	∨	∨	
	－玉米	∨	∨	
	－茄子	∨	∨	
	能依實物顏色拿出相同顏色的積木－紅	∨	∨	
	－黃	∨	∨	
	－紫	∨	∨	
	能依顏色分類	∨	△	
語　　　言	能說出物品名稱－紅蘿蔔	∨	∨	
	－玉米	∨	∨	
	－茄子	∨	∨	
	能聽懂一個指令	∨	∨	
動　作	能拿穩蔬菜塊	∨	△	②號只能拿茄子
	在 B4 紙上蓋印不會超出範圍	∨	∨	
	能在圈內蓋印	∨	×	
社會技巧	能依要求與他人分享玩具	△	∨	
	能主動向他人說謝謝	△	△	

※∨表通過　　△表需協助　　×表不通過

二、單元名稱：我的家

㈠教學重點

1. 透過毛毛蟲活動來領略家的意義。

2. 加強圓的概念。

㈡教學計畫

列出活動名稱、程序及目標。

領域	活動名稱	教　學　程　序	目　標
語言／認知	毛毛蟲的家	1. 老師製作二棵樹當作毛毛蟲的家，並扮演蝴蝶媽媽找不到小毛蟲的樣子，請小朋友幫忙找毛毛蟲並送它回家 2. 製作毛毛蟲圖片（以圓形為造型）及數張不同的昆蟲圖片 3. 讓幼兒找出正確的毛毛蟲圖片（老師先提示） 4. 告訴幼兒毛毛蟲是蝴蝶的孩子，它們的家在樹上…… 5. 讓幼兒將毛毛蟲送回家（用吸鐵片黏貼），唱「我們的毛毛蟲在哪裡」	1. 能聽老師解說 2. 能找出毛毛蟲圖片 3. 能將圖片放在正確位置 4. 知道毛毛蟲的家在哪裡
感官／精細	毛毛蟲頭帶製作	1. 老師先裁好頭帶及圓形色片（毛蟲的環節），並先在頭帶紙上黏好雙面膠 2. 提示幼兒毛毛蟲的環節是圓形的，每個環節可選擇不同色 3. 給孩子屬於自己的工作盒、材料 4. 指導幼兒如何正確的撕下雙面膠帶，並貼上圖片 5. 完成後，替幼兒戴上，並用小鏡子讓幼兒看看自己的模樣，說「我是小毛毛蟲」	1. 能指認圓形 2. 能使用自己的工作盒 3. 能撕下膠帶 4. 能黏貼 5. 能將工具收拾好 6. 會說謝謝

（續上表）

領域	活動名稱	教　學　程　序	目　標
遊戲／社會	毛毛蟲回家了	1.唱「我們的孩子在這裡（找到了）」 2.媽媽與孩子一組，媽媽帶領自己的孩子，爬行回到溫暖的家	1.能唱主題曲（旋律） 2.能爬行 3.能遵守遊戲規則 4.會與親人或同伴牽手擁抱
大動作	毛毛蟲找媽媽	1.毛毛蟲運動（媽媽、孩子戴著頭帶在地板上爬行） 2.毛毛蟲正在爬行的時候，忽然刮起大風（老師用大床單將大家蓋住） 3.大家唱「我們的毛毛蟲在哪裡」 4.小毛毛蟲找媽媽（大家各自在床單下找尋親人）	
	兒歌	44322, 3122, 44322, 312 我家的孩子在哪裡？我家的孩子在哪裡？	

⊜**建議**

　　*1.*教學可以有一個主題，但不需讓當天所有活動都跟著主題走，而是以這個主題為教學材料，再將要傳遞的語言、認知、精細等概念透過主題呈現出來。

　　*2.*每一段作息都是分段進行，例如語言認知小組結束後，再進行感官精細的活動，而不是把所有的小組合併變為一個活動。小組可以分成三段進行，活動內容都不同。

三、單元名稱：我的衣服

(一)認知／語言小組活動

穿衣服活動分五個層次：

1. 實物教學（語言仿說）並穿戴，可利用鏡子。
2. 配合字卡，做實物與字卡配對，抽字卡拿實物穿戴。
3. 衣物顏色配對，配合顏色卡分類。
4. 某類顏色衣物的選擇（認知）。
5. 紙衣穿著（精細、認知）。

如上所述，教學分層次一至五，共有五種難度。有些難度目標適合某位幼兒，有些則不適合，好處是適合各種類型的幼兒，可同時考量不同幼兒的需要。

(二)遊戲／社會小組活動──小主人（在日常生活角進行）

唐氏症此組（共四位小朋友）在故事引導後扮演主人的角色，並穿戴爸爸或媽媽的衣服及鞋子，角色扮演得不錯，生活自理如擦桌、排碗筷、插花等都能熱衷的做，客人來時也能稍作招呼，並予以倒茶。

自閉症這組在故事引導後，做扮演客人的角色仍須帶領，只有在裝扮自己時較為主動，到別人家做客時仍須老師引領。

(三)結論

1. 唐氏症那組在扮演時可充分的將以前所學運用出來，透過扮演能增進互動及遊戲技巧，功效良多，可多做扮演之嘗試。

2.自閉症那組雖然較被動，但在扮演方面也能盡興，社會性亦有改
 善。

3.做好娃娃家扮演前的能力準備及類化，情境的準備充分些效果會更
 好。

4.老師人數多一點可增進學習效果。

柒

教學計畫如何符合小組中幼生的需求

　　為了了解教學計畫是否符合小組中（每組三至四名特殊幼兒）每個特殊幼兒的需要，特列了六週的教學計畫表，並將教學活動可能達到的教學目標和個別化教育方案中的教學目標對照，發現在認知、精細及遊戲／社會等領域的教學都能符合小組中特殊幼兒的需要，唯獨在語言領域的教學較缺乏，最後並根據教學計畫提出建議。

一、教學計畫

　　以一週為單位的教學計畫共分為我們的衣服、日常用品（餐具）及交通工具等三個單元，檢附六週的教學計畫表。「我們的衣服」單元上三週，「日常用品（餐具）」單元上一週，「交通工具」單元上二週，每份教學計畫表都列出一週之進度，並按作息時間列出活動名稱及內容，且將計畫表事先發給家長。以下是六週的教學計畫及其空白表格。

(一)第一週

融合式學前特教班一週課程計畫表

單元名稱：<u>我們的衣服(一)</u>　　　　　　　　　日期：<u>11/29～12/3</u>

時間	作息	星期一	星期二	星期四	星期五
1:50～2:00	到達				
2:00～2:15	大團體	障礙賽	大隊接力	趣味競賽	趣味競賽
2:15～2:55	認知／語言及感官／精細小組	介紹：衣褲、鞋襪、裙子、帽子、手套（實物）	介紹：衣褲、鞋襪、裙子、帽子、手套（複習實物，介紹圖片）	複習衣物（實物與圖片）	複習衣物（實物與圖片）
		指認自己身上之衣著（實物與實物配對）	魔術袋：抽衣物圖片配對實物	遊戲：幫娃娃收拾衣物（衣物分類）	故事：我會穿衣服（以熊寶寶穿衣鞋之故事說明如何正確穿）
		遊戲：幫娃娃穿衣服（實物）	遊戲：幫娃娃穿衣服（實物）	紙上遊戲：幫娃娃畫衣服	紙上遊戲：幫娃娃穿戴衣物
2:55～3:15	吃點心 上廁所				

（續上表）

時間	作息	星期一	星期二	星期四	星期五
3:15 〜 3:35	戶外遊戲／感覺統合				
3:35 〜 3:55	遊戲／社會技巧	功能遊戲：娃娃、梳子、衣服、鏡子（玩具）	功能遊戲：娃娃、梳子、剪刀、空罐	功能遊戲：娃娃、美容樓	扮演遊戲：美容樓（互相洗、剪頭髮）
		建構遊戲：堆積木	建構遊戲：排骨牌	建構遊戲：水	建構遊戲：沙
		房子佈置（臥室）	房子佈置（客廳）	房子佈置（廚房）	客人到
3:55 〜 4:10	歌謠教唱／大團體	院慶節目排練：同心園	院慶節目排練：同心園	院慶節目排練：同心園	院慶節目排練：同心園
備註	個輔	·仿音：一、ㄨ ·聽能：分辨音樂之有無（錄音機）	·仿音：一、ㄨ ·聽能：分辨音樂之有無（錄音機）	·仿音：一、ㄨ、ㄚ ·聽能：分辨音樂之有無（大鼓）	·仿音：ㄨㄚ、ㄨㄚ、ㄨㄚ ·聽能：分辨音樂之有無（大鼓）

※下週起將以衣物介紹顏色、數、長短，請家長有空可做預習

(二)第二週

融合式學前特教班一週課程計畫表

單元名稱：我們的衣服(二)　　　　　　　　　　　　　日期：12/6～12/10

時間	作息	星期一	星期二	星期四	星期五
1:50 ～ 2:00	到達				
2:00 ～ 2:15	大團體	大隊接力	趣味競賽	院慶（請小朋友於當日上午8:30前到校）	藝術欣賞：到美術館看院慶美展
2:15 ～ 2:55	認知／語言及感官／精細小組	複習衣物（實物與圖片），介紹衣物顏色（紅、黃色）	教紅、黃色 ·在三～五件衣服中找出紅、黃色 ·在三～五個紙娃娃中指出穿紅、黃色衣服的娃娃		教紅、黃色，指認自己身上衣物紅、黃色部分
		尋寶遊戲：在教室內（或老師準備）之物中找出紅、黃色之物	染色遊戲 ·幫娃娃的衣服染色（用衣物狀棉紙染成紅、黃色） ·以染色之棉紙衣做成的色板做顏色分類及序列		分辨同異：找出一樣的卡片（如紅帽⇔紅帽、黃襪⇔黃襪……）
		做顏色配對：將紅色之物品放在紅衣服上，黃色之物品放在黃衣服上			遊戲：以紅、黃色毛線做紙工、縫工
2:55 ～ 3:15	上廁所 吃點心				

（續上表）

時間	作息	星期一	星期二	星期四	星期五
3:15〜3:35	戶外遊戲／感覺統合			院慶（請小朋友於當日上午8:30前到校）	
3:35〜3:55	遊戲／社會技巧	功能遊戲：娃娃、牙刷、茶杯、毛巾	功能遊戲：娃娃、衣物、牙刷		扮演遊戲：娃娃、床、刷子、梳妝台
		幫娃娃洗澡	幫娃娃打扮		功能遊戲
		建構遊戲：房子、車子、人	火車過山洞		配對遊戲
3:55〜4:10	歌謠教唱／大團體	院慶節目排練：同心圓	院慶節目排練：同心圓		音樂遊戲：跟著節拍舞動

※本週課程將在衣物顏色中複習以前教過之事物，如紅色的牙刷、黃色的茶杯……，
　以協助幼兒對顏色的認識

(三)第三週

融合式學前特教班一週課程計畫表

單元名稱：<u>我們的衣服(三)</u>　　　　　　　　　　　日期：<u>12/23～12/28</u>

時間	作息	星期一	星期二	星期四	星期五
1:50 〜 2:00	到達				
2:00 〜 2:15	大團體	模仿操、按摩運動	模仿操、按摩運動（大球滾動按摩）	模仿操、按摩運動（大球滾動按摩）	模仿操、按摩運動（大球滾動按摩）
2:15 〜 2:55	認知／語言及感官／精細小組	複習衣物名稱	複習紅、黃色衣物名稱	複習紅、黃色衣物名稱	複習紅、黃、藍色衣物名稱，利用故事：買東西
		掛衣物遊戲：在固定時間內利用衣架掛各類衣物	夾衣物遊戲：在固定時間內利用衣架、衣夾將衣物夾起	分類遊戲：依共同點分類，例如紅的衣服一堆，黃的褲子一堆（衣物分類）	買賣遊戲：輪流扮演顧客、老闆，以買賣遊戲帶入數概1～4（複習），並做數與量的配對
		數一數所掛之衣物，帶入數概 1～3（複習）	數一數所夾之衣物，帶入數概 1～4	數一數所夾之衣物，帶入數概 1～4（複習）	
2:55 〜 3:15	上廁所 吃點心				

（續上表）

時間	作息	星期一	星期二	星期四	星期五
3:15 ∼ 3:35	戶外遊戲／感覺統合				
3:35 ∼ 3:55	遊戲／社會技巧	功能遊戲：娃娃組＋兒童樂園	功能遊戲：娃娃組＋兒童樂園	扮演遊戲：娃娃組＋兒童樂園	扮演遊戲：娃娃組＋兒童樂園
		建構遊戲：寶貝積木	建構遊戲：寶貝積木	建構遊戲：蓋房子	建構遊戲：蓋房子
		建構遊戲：百力智慧行	建構遊戲：百力智慧行	扮演遊戲：化妝	扮演遊戲：化妝
3:55 ∼ 4:10	歌謠教唱／大團體	卡拉 OK 伴唱歌謠加動作：我是隻小小鳥	卡拉 OK 伴唱歌謠加動作：我是隻小小鳥	卡拉 OK 伴唱歌謠加動作：我是隻小小鳥	卡拉 OK 伴唱歌謠加動作：我是隻小小鳥

(四)第四週

融合式學前特教班一週課程計畫表

單元名稱：日常用品（餐具）　　　　　　　　　　　　　　　日期：1/6～1/11

時間	作息	星期一	星期二	星期四	星期五
1:50〜2:00	到達				
2:00〜2:15	大團體	團體遊戲：汽球傘	團體遊戲：汽球傘	團體遊戲：汽球傘＋球	團體遊戲：汽球傘＋球
2:15〜2:55	認知／語言及感官／精細小組	介紹：茶杯、吸管、盤子（實物），實物與圖片配對	介紹：茶杯、吸管、盤子（實物），實物與圖片配對	介紹：叉子、刀子、盤子（實物），實物與圖片配對	複習：各類餐具（實物圖片），找出吃飯圖卡中的餐具（紙上作業）
		一對一對應：茶杯、吸管，夠不夠分配給每位孩子（實際操作、紙上作業）	吃的遊戲(二)：中式吃飯（物品功用、吃的禮儀）	吃的遊戲(二)：中式吃飯（物品功用、吃的禮儀）	影子遊戲：由投影機觀察餐具影子
		吃的遊戲(一)：塗果醬、泡牛奶（物品功用、吃的禮儀）	比較大小（序列）：用二～三個碗按大碗→中碗→小碗排列（實際操作、紙上作業）	數與量的遊戲（量配對數字卡）：數一數大字卡用了幾個數字，再找出數字卡（實際操作、紙上作業）	神秘箱：看餐具影子的圖片，摸出對應物品
2:55〜3:15	吃點心 上廁所				

（續上表）

時間	作息	星期一	星期二	星期四	星期五
3:15 ～ 3:35	感覺統合／戶外遊戲	滑板	滾筒	球池	丟沙包
3:35 ～ 3:55	遊戲／社會技巧	扮演遊戲：餐具組	扮演遊戲：餐具組	扮演遊戲：餐具組＋娃娃	扮演遊戲：餐具組＋娃娃
		建構遊戲：樂高遊戲	建構遊戲：樂高遊戲	建構遊戲：蓋房子	建構遊戲：蓋房子
		功能性遊戲：車子與房子	功能性遊戲：車子與房子	各種車子（賽車）	各種車子（賽車）
3:55 ～ 4:10	歌謠教唱／大團體	卡拉 OK 伴唱大賽：蝴蝶飛	卡拉 OK 伴唱大賽：蝴蝶飛	卡拉 OK 伴唱大賽：蝴蝶飛	卡拉 OK 伴唱大賽：蝴蝶飛

㈤第五週

融合式學前特教班一週課程計畫表

單元名稱：交通工具㈠　　　　　　　　　　　　　日期：1/13～1/18

時間	作息	星期一	星期二	星期四	星期五
1:50 〜 2:00	到達				
2:00 〜 2:15	大團體	韻律操、繩子遊戲	韻律操、繩子遊戲	韻律操、拔河比賽	韻律操、拔河比賽
2:15 〜 2:55	認知／語言及感官／精細小組	認知：認識交通工具——汽車、火車、摩托車（配對、指認）	認知：認識交通工具——汽車、火車、摩托車（配對、指認）	認知：認識交通工具——汽車、船、飛機（配對、指認）	認知：認識交通工具——汽車、船、飛機（配對、指認）
		語言 ・遊戲——對號入座（名詞仿說） ・句型——×坐××、×坐××去××	語言 ・遊戲——開車兜風去（名詞仿說） ・句型——×騎（開）××、×騎（開）××去××	語言 ・遊戲——我會開車車（名詞仿說） ・句型——×坐××、×坐××去××	語言 ・遊戲——聽聽這是什麼交通工具（名詞仿說） ・句型——×坐××、×坐××去××
		精細：紙盒汽車	精細：交通工具拼圖	精細：摺飛機	精細：摺紙船
2:55 〜 3:15	吃點心 上廁所				

（續上表）

時間	作息	星期一	星期二	星期四	星期五
3:15 ～ 3:35	戶外遊戲／感覺統合				
3:35 ～ 3:55	遊戲／社會技巧	功能性遊戲：交通工具組	功能性遊戲：交通工具組	扮演遊戲：交通工具＋娃娃	扮演遊戲：交通工具＋娃娃
		功能性遊戲：車庫	功能性遊戲：車庫	建構遊戲：堆積木	建構遊戲：堆積木
		扮演遊戲：買車子	扮演遊戲：買車子	扮演遊戲：賣車	扮演遊戲：賣車
3:55 ～ 4:10	歌謠教唱／大團體	卡拉 OK 伴唱大賽加動作：哥哥爸爸真偉大	卡拉 OK 伴唱大賽加動作：哥哥爸爸真偉大	卡拉 OK 伴唱大賽加動作：哥哥爸爸真偉大	卡拉 OK 伴唱大賽加動作：哥哥爸爸真偉大

(六)第六週

融合式學前特教班一週課程計畫表

單元名稱：交通工具(二)　　　　　　　　　　　　　　日期：1/20～1/25

時間	作息	星期一	星期二	星期四	星期五
1:50 ～ 2:00	到達				
2:00 ～ 2:15	大團體	旋轉遊戲：彩虹滾筒、中空滾筒	旋轉遊戲：旋轉木馬、中空滾筒	平衡遊戲：滑板、中空滾筒、治療球	平衡遊戲：滑板、中空滾筒、治療球
2:15 ～ 2:55	認知／語言及感官／精細小組	到校門口看車去 ·老師出示圖片，孩子找出指定之交通工具 ·依指示找出×色的×× （實際觀察、紙上作業）	語言：說故事（扮演遊戲）──坐××去玩	語言：看錄音帶──交通工具（行的安全）	語言：遊戲──大家來騎車（輪流騎地下室之車子）
			認知：依交通工具影子找圖片，分辨交通工具大小（實際觀察、紙上作業）	認知：空間關係──海陸空的交通工具（紙上作業）	認知：先將交通工具（模型圖片）分類，再數一數各有幾部（一～五）
		點描成線，線內著色成交通工具	把交通工具剪下來	交通工具拼圖	交通工具的穿線遊戲
2:55 ～ 3:15	上廁所 吃點心				

（續上表）

時間	作息	星期一	星期二	星期四	星期五
3:15 〜 3:35	戶外遊戲／感覺統合				
3:35 〜 3:55	遊戲／社會技巧	功能遊戲：火車過山洞	扮演遊戲：火車過山洞	扮演遊戲：各類交通工具	扮演遊戲：各類交通工具
		介紹火車軌道搭法	介紹房子、車庫	介紹司機	介紹房子
		建構遊戲：動物小火車	建構遊戲：動物小火車	扮演遊戲：坐火車	扮演遊戲：坐火車
3:55 〜 4:10	歌謠教唱／大團體	歌謠教唱：火車快飛	歌謠教唱：火車快飛	歌謠教唱：火車快飛	歌謠教唱：火車快飛

融合式學前特教班一週課程計畫表

單元名稱：_____　　　　　　　　　　　日期：_____

時間	作息	星期一	星期二	星期四	星期五
1:50 ～ 2:00	到達				
2:00 ～ 2:15	大團體				
2:15 ～ 2:55	認知／語言及感官／精細小組				
2:55 ～ 3:15	吃點心　上廁所				

（續上表）

時間	作息	星期一	星期二	星期四	星期五
3:15 ～ 3:35	戶外遊戲／感覺統合				
3:35 ～ 3:55	遊戲／社會技巧				
3:55 ～ 4:10	大團體／歌謠教唱				
備註	個輔				

二、教學活動與個別化教育方案（IEP）目標的結合

　　在個別化教育方案擬出來後，教學就有了方向，爲了符合幼兒的需求，教學應儘量將幼兒的IEP目標涵蓋在教學中。爲了確保教學能做到上述要求，特將同在一組之四名特殊幼兒（甲、乙、丙、丁）的個別化教育方案之目標列出，再和教學活動的目標比對。一般而言當教學活動設計的愈有趣，涵蓋的領域愈多，或目標愈多時，愈能符合不同程度之特殊幼兒所需。這四名特殊幼兒的特徵：甲生爲聽覺障礙，尚在做聲音分辨之聽能訓練；乙生程度是這四名幼生中程度最好者，有語言發展遲緩現象；丙生是這四名中程度最差者，有智能及語言發展遲緩現象，是一唐氏兒；丁生則是這四名幼生程度僅次於乙生者，有過動及語言發展遲緩的現象。除了一般的課程，甲生尚須安排聽能訓練，聽能訓練的目標除了在一般認知及語言課程中帶到外，尚需另外爲甲生安排時段做聽能訓練。以下將依據融合式學前特教班強調的教學領域（語言、認知、動作、社會及生活自理）分別討論教學是否符合幼兒之需求，以及符合的程度。

（一）四個幼兒在認知領域的 IEP

　　下頁表格是四名特殊幼兒在認知領域須要加強的目標，從中可發現這些目標都集中在物品形狀、顏色、大小、數等最基本的特徵上，利用實物及圖片做爲教學的材料，則與物品基本特徵相關的目標將很容易在教學或課程中帶到。

認知領域之 IEP 目標

領域	個別化教育方案目標	甲	乙	丙	丁
認　　知	能指出三種顏色（紅、黃、藍）	ˇ			
	能指出三種形狀（○、△、□）	ˇ			
	能聽從指示拿一定數目之東西（一～五）	ˇ	ˇ	ˇ	ˇ
	能依物品名稱指出圖片	ˇ	ˇ	ˇ	ˇ
	能依物品的功能來做分類	ˇ	ˇ	ˇ	ˇ
	能做實物與實物配對	ˇ		ˇ	ˇ
	能做實物與圖片配對		ˇ		
	能分辨大小	ˇ		ˇ	ˇ
	能比較大小		ˇ		
	能做一對一對應	ˇ	ˇ	ˇ	ˇ
	能有 1～3 數概念	ˇ		ˇ	
	能有 1～5 數概念		ˇ		ˇ
	能做數與量配對		ˇ		ˇ
	能分辨聲音之有無	ˇ			
	能分辨發出聲音之聲源	ˇ			

　　在將目標和教學活動對照時，發現所有的方案目標都能透過活動來引導。

　　以下是認知活動在不同單元達到的教學目標，每個單元都可帶到上述的方案目標，並隨著單元的不同，而有類化的機會，例如在教到衣服這個單元時可教到數的概念，餐具也可以帶到數的概念。

單元達到的認知目標

單　元	目　　　　　標
衣　　　　　　服	1. 能指認衣物（實物）
	2. 能做實物與實物的配對
	3. 能指認衣物（圖片）
	4. 能知道衣物正確穿著
	5. 能指認衣物（實物、圖片）
	6. 能指認紅色、黃色、藍色
	7. 能做顏色配對
	8. 能指認×色的車車
	9. 能做顏色分類
	10. 能做顏色序列
	11. 能做衣物分類（一個標準）
	12. 能依物品功能分類
	13. 能依二個共同點將衣物分類
	14. 能有數概（1～4）

（續上表）

單　元	目　　　　　標
餐 具	1. 能指認餐具
	2. 能做實物與圖片配對
	3. 能做一對一對應
	4. 能比較大、中、小
	5. 能有數概 1～5
交 通 工 具	1. 能指認交通工具
	2. 能做實物、圖片配對
	3. 能知道陸、海、空交通工具有哪些
	4. 能有數概 1～4
	5. 能分辨交通工具大小
	6. 能聽懂指令「騎」、「停」
	7. 能分辨空間位置：陸上、海上及天空
	8. 能做交通工具分類
其 它	聽能：能分辨聲音之有無 　　　能分辨大鼓聲之有無 　　　能分辨錄音機聲音之有無 　　　能分辨電子琴聲之有無 　　　能分辨拍手聲之有無

㈡精細領域的個別化教育方案

主要以增進眼手協調的能力為主，四位幼兒的目標如下。

幼兒精細動作領域之 IEP 目標

精細動作（細動）	1. 線內著色
	2. 仿畫線條
	3. 剪直線
	4. 剪彎線

其中線內著色及仿畫都可配合不同的教學活動來執行，剪直線及剪彎線則可配合和剪相關的活動來進行。下頁表格為精細活動安排的教學目標。

單元達到的精細目標

單 元	目 標
衣	1. 會將子母帶黏在鞋上
	2. 會解娃娃的扣子
	3. 線內著色，不超出線 0.5cm
	4. 能將卡紙上的衣物撕下
	5. 能將棉紙衣黏在正確的位置
	6. 能按洞穿線
	7. 縫時不會將紙撕破
	8. 能正確依孔的順序穿線
	9. 會使用衣架掛衣服
	10. 會使用衣夾夾衣物
	11. 會摺衣服
	12. 能替衣服著色
	13. 能以觸覺分辨物品
	14. 能仿畫線條，不超過 0.5cm
	15. 會做線內著色，不超出線 0.5cm
服	16. 能依點、線內著色
	17. 能正確使用剪刀
	18. 會剪△、□、○
	19. 能黏貼
交通工具	1. 會使用色紙、貼紙盒做汽車
	2. 會依圖案完成拼圖
	3. 能摺紙飛機、紙船
	4. 能拼拼圖
	5. 能仿畫圖形
	6. 能線內著色（車子）

　　從上頁表格可發現教學目標都能符合小組中每名幼兒的需要，唯獨在和餐具有關的這個單元中，精細活動的安排並未配合單元的主題而設計，但教學目標仍能符合幼兒的個別化教育方案（IEP）目標。

㈢遊戲／社會領域

　　以下是四名幼生在遊戲／社會這個領域希望達到的目標。

幼生在遊戲社會領域之 IEP 目標

領　域	目　　　　　　　標	甲	乙	丙	丁
社會領域	能不需母親陪伴上課				
	想玩同伴在玩的玩具時，會事先徵求同伴的同意	ˇ	ˇ	ˇ	ˇ
	能依要求和別的小朋友分享玩具或東西	ˇ	ˇ		ˇ
	能在成人主導的團體遊戲中遵守遊戲規則	ˇ		ˇ	ˇ
	能主動在玩完玩具後，收拾玩具	ˇ	ˇ	ˇ	ˇ
	能主動對同伴及熟悉的大人打招呼		ˇ	ˇ	ˇ
	能主動說「謝謝」、「再見」		ˇ	ˇ	
	能交換玩具輪流玩				
遊戲領域	能探索玩具				ˇ
	能功能性的操作玩具	ˇ	ˇ	ˇ	ˇ
	能把二樣玩具放在一起玩，如能把積木和鍋子放在一起玩		ˇ		ˇ
	把車子和人放在一起	ˇ	ˇ	ˇ	
	能模仿別人的玩法	ˇ		ˇ	ˇ
	能提供遊戲點子		ˇ		
	會用玩具扮演		ˇ		

　　社會目標通常須要透過遊戲或團體的情境而達成，有些社會目標和每天例行活動有關，例如在剛到學校時和老師問好，回家時和老師說再見。社會的目標不只適用特殊幼兒，亦適用普通幼兒，因而社會目標須和每天的作息結合，如此方有很多機會執行。

　　和遊戲技巧相關的目標之所以和社會領域結合，乃是因遊戲技巧和社會技巧有極大的相關，遊戲技巧愈佳的特殊幼兒愈容易與普通幼兒產生社會互動，因而遊戲及社會目標常連在一起，上述和遊戲技巧相關的目標都可適用於任何種類的玩具，教師只要提供玩具，就可引發幼兒的遊戲技巧，當不只一位幼兒一起玩時，就可帶入社會的技巧。

　　課程的安排以引發功能性遊戲、建構遊戲及扮演遊戲為主，配合單元安排娃娃家、餐具及交通工具等玩具組，每次教學時，隨著玩具種類不同，活動達到之遊戲社會技巧亦不同。目標如下頁表格。

遊戲／社會技巧活動及其目標

單　　元	活動／教具	目　　　　標
我們的衣服	娃娃模型組（小人偶、桌椅、嬰兒床……等小模型）	1. 會轉動小人偶由站姿⇔坐姿 2. 能正確玩十分鐘以上 3. 能將小人偶放在床上或椅子上
我們的衣服	美容樓＋娃娃（美容院設備模型）	1. 會正確使用器材 2. 會利用器材做扮演遊戲（幫娃娃洗頭、幫小朋友剪頭髮……）
交通工具	交通工具模型＋軌道組	1. 會聯結軌道 2. 會正確玩十分鐘以上
餐　　具	餐具組	1. 會正確使用器材 2. 會利用器材做扮演（煮菜）
交通工具	積木	1. 會堆疊、組合積木 2. 會用積木做造型 3. 會參考圖案做造型

㈣語言領域

以下是甲、乙、丙、丁四名幼兒在語言領域之個別化教育方案目標。

語言領域之目標

領域	個別化教育方案目標	甲	乙	丙	丁
語	能把兩個名詞組合（爸爸的車子）			✓	✓
	能簡單回答「這是什麼？」			✓	
	能說出圖片中常見物品的名稱及用途（家裡用具、五官、衣物……）		✓	✓	✓
	能回憶說出看過圖片中的四件東西			✓	
	能簡單回答「××在做什麼？」「怎麼樣？」		✓		✓
	能敘述日常用品的功能（文具、梳洗用具、電器用品……）				✓
	能重複他人所發出的聲音	✓			
	能模仿他人的聲調	✓			
	能用單字、單詞稱呼物品或人	✓			
	能分辨聲音之有無（樂器、音樂）	✓			
言	能分辨二種不同的樂器聲	✓			
	能說出三種顏色（紅、黃、藍）		✓	✓	✓
	能說出三種形狀（○、△、□）		✓	✓	✓
	能說出物品名稱		✓		
	能說出主詞＋動詞＋名詞（爸爸開車）		✓		

至於各單元語言活動安排的教學目標如下。

單元	目　　　　　標
衣 服	能仿說衣物名稱
	會回答「這是甚麼？」
	能回答「娃娃在做甚麼？」
	能說句型「這是××」
	能說出衣物名稱
	能說出顏色名稱
	能仿說顏色名稱
	能回答「這是什麼顏色？」
	能說句型「×件×色的衣服」
	能說「×個×色××物」
	能說「我要買××」
	能說句型「×色的衣服」
	能說句型「×色的××」
餐 具	能回答「這是什麼？」
	能回答「你在做什麼？」
	能使用句型「我要杯子」
	能使用句型「×××比較大（小）」
	能使用單位名稱
	仿音：①ㄅㄟ ㄅㄟ ㄅㄟ ②ㄨㄢˇㄆㄢˊ ③ㄧ ㄆㄢ ㄅㄟ ㄨㄢ ㄆㄢ
交 通 工 具	能回答「這是什麼？」
	能回答「你坐什麼車？」
	能使用句型「我坐火車」
	能使用句型「我要去台北」
	仿音：①ㄨ ㄨ、ㄅㄚ ㄅㄚ ②ㄧㄠ ㄈ
	仿音：①ㄨ ㄨ、ㄑㄧ、ㄅㄚ ㄅㄚ ②ㄝ ㄐㄧ
	能使用句型「×坐××去××」
	仿音：①ㄧ ㄨ ㄚ ②ㄅㄟ、ㄨㄚˋ、ㄧㄚ ③ㄇㄠ、ㄨㄢˇ、ㄇㄞˇ

三、教學評量

特殊教育強調教學必須與評量結合，教完就要做評量。在融合式學前特教班評量分二部分：第一部分主要是根據教學內容，將每週教學內容帶到的目標列出一一評量；第二部分則是評量個別化教育方案之目標。以下將以小組中四位幼兒爲例，評估在整學期的教學中，其個別化教育方案的目標是否達成。

(一)**教學目標**

檢附一週教學計畫目標評量表空白表格及已填寫之表格一份。

融合式學前特教班一週課程計畫評量表

單元名稱：<u>圓滾滾</u>　　　　　　　　　　　　　　　　日期：<u>11/4～11/15</u>

作息	時間	教具	活動名稱	目　標	幼生評量 ①	②	③	④	備　註 這組學生大都是重度，只有③號程度較好
到達	1:50～2:00			能準時到達	5/7	7/7	3/7	7/7	
大團體	2:00～2:15		點名	聽到自己的名字能做反應	∨眼神	∨點頭	∨舉手	△	
			律動	能聆聽音樂	∨	∨	∨	∨約二十五秒	
				能跟著音樂舞動	△	△	∨	△	
語言／認知	2:15～2:35	各種球類的玩具、教具	口腔練習：舌頭、唇	能做舔的動作：舌舔牙、唇	∨	∨	∨	∨	
				能仿音：ㄆㄚ、ㄅㄚ	—	∨	∨	△	
			呈現教具（與球有關）請孩子選擇，再一一指導玩法（或先讓其探索）	能做選擇（眼光、手指、口語）	∨眼神 4/7	∨搶	∨手指	∨眼神 2/7	
				能表示「選要」玩	∨	∨	∨	△	
				能做配對：二選一（找一樣的）	△	×	△	×	
精細／感官	2:35～2:55	按摩刷、大小球、顏料盤、圖畫紙、盒子	按摩	能配合做按摩	∨	∨	∨	∨	
			呈現球（大小球）請孩子探索	能注視球五秒	∨	∨	∨	∨	
				能擠壓球發出聲音	—	∨	∨	∨	
			將球放入顏料盤，再移至孩子圖畫紙上（放盒內）滾動球，分享作品	能丟球、滾球	∨用手指	∨	∨	∨	
				能將球放入指定物中	—	△	∨	△	
				能滾動盒內的球	∨用手指	△	∨	△	

（續上表）

作息	時間	教具	活動名稱	目　　標	幼生評量				備　　註
					①	②	③	④	
點心	2:55〜3:15		如廁	能自行穿褲子	穿衣褲	△	穿衣褲	×	
				能自行脫褲子	穿衣褲	∨	穿衣褲	△	
				能開水龍頭	―	∨	∨	△	
				能關水龍頭	―	△	△	△	
			用點心	能表示還要，將點心碗放入桶內	―	∨ 3/7	∨	△	
戶外	3:15〜3:35			能使用湯匙，能自己選擇要玩的器材	∨ 喜歡看小朋友玩	∨ 鞦韆	∨ 滑梯	∨ 鞦韆	
				能注意遊戲安全	―	△	∨	△	
遊戲／社會／復健	3:35〜3:55	治療球、彩虹滾筒、地墊、平衡板	腰力訓練	能輪流撐坐十五秒	△	―	―	―	
				能抬頭十五秒	∨	―	―	―	
				能躺在治療球上	―	∨	∨	∨	
				能坐在治療球上做仰臥起坐	―	∨	△	△	
				能坐在治療球上保持平衡	△	∨	△	∨	
				能坐在彩虹滾筒上保持平衡	△	∨	△	∨	
				能坐在平衡板上保持平衡	―	∨	△	△	
大團體	3:55〜4:10		兒歌	能模仿動作	△	∨	∨	△	
回家			唱再見歌	能揮手表示再見	△	∨	∨	△	
備註			音樂最好節奏分明						

※∨表通過　△表須協助　×表未通過

融合式學前特教班一週課程計畫評量表

單元名稱：＿＿＿＿＿＿＿＿＿

填　表　人：＿＿＿＿＿＿＿＿＿　　　　　　　　日　期：＿＿＿＿＿＿

作息	時間	教具	活動名稱	目　　標	幼生評量				備　　註
					①	②	③	④	
到達	1:50〜2:00								
大團體	2:00〜2:15								
語言／認知	2:15〜2:35								
精細／感官	2:35〜2:55								

（續上表）

作息	時間	教具	活動名稱	目　　標	幼生評量				備　　註
					①	②	③	④	
點心	2:55 ～ 3:15								
戶外	3:15 ～ 3:35								
遊戲／社會／復健	3:35 ～ 3:55								
大團體	3:55 ～ 4:10								
回家									
備註									

※ ∨ 表通過　△表須協助　╳表未通過

※每一評量表可同時記錄四名幼兒，每個目標評量二次

㈡個別化教育方案目標期末評量

期末評量依甲、乙、丙、丁順序分別列出,以了解個別化教育方案執行之情形。

1. 甲生

⑴語言領域

融合式學前特教班個別化教育方案期末評量表

幼生姓名:<u>甲生</u>　　　　　　　　　　　　　　　　領域:<u>語言</u>

評量者:_____　　　　　　　　　　　　實施期限:82.9～83.1

領域	目　　標	活　　動	評　量　結　果			決　定
			通　過	須協助	待加強	
語	能重複他人所發出的聲音	在課程進行或語言遊戲中,模仿老師發的音 ・ㄅㄚ ㄅㄚ ㄅㄚ…… ・ㄉㄚ ㄉㄚ ㄉㄚ…… ・一 ㄈㄨ ・ㄨㄚ ㄨㄚ ・ㄣㄚ ㄣㄚ ・ㄇㄚ ㄇㄚ ・ㄅㄧ ・ㄅㄠ ・ㄇㄠ ・ㄨㄢ	ˇ 12/31 ˇ 12/22 ˇ 12/28 ˇ 9/21 ˇ 10/8 ˇ 12/28	ˇ ˇ ˇ ˇ		
	能模仿他人的聲調	配合上項目標,做聲音的變化遊戲(高低、快慢)			ˇ	可能須配合聽能訓練遊戲
言	能用單字、單詞稱呼物品或人	在課程中,協助其仿音後,要求其自發性發音 ・一 ㄈㄨ ・ㄨㄚ ㄨㄚ ・ㄇㄠ ㄇㄠ ・ㄅㄧ ・ㄨㄢ ・ㄅㄚ ㄅㄚ ・ㄇㄚ ㄇㄚ	ˇ 12/28 ˇ 12/28	ˇ ˇ ˇ ˇ ˇ		大都仍用動作手勢,須加強自發性語言
語言(聽能)	能分辨聲音之有無	在課程中觀察或在個別輔導時 ・叫喚其名,能回頭 ・大鼓聲 ・錄音機音樂聲 ・電子琴聲		ˇ	ˇ ˇ ˇ	請在家亦多戴助聽器,並多給予各項聲音之刺激
	能分辨二種不同的樂器聲	因第一項一直無法做正確評估,故此項未進行				待第一項有進步再加以執行

(2)認知領域

融合式學前特教班個別化教育方案期末評量表

幼生姓名：甲生　　　　　　　　　　　　　　　　領域：認知

評量者：＿＿＿＿＿　　　　　　　　　　　實施期限：82.9～83.1

領域	目　　標	活　　動	評　量　結　果			決定
			通　過	須協助	待加強	
認	能指認三種顏色（紅、黃、藍）	課程中以衣物、毛巾、牙刷、杯子……等各類物品隨機進行顏色教學，並透過畫圖、染色……等遊戲介紹三原色 ・紅色 ・黃色 ・藍色		∨ ∨ ∨		因其聽力問題未能百分之百評估，故而仍須加強其聽能，並隨時再給予指導（註：會做顏色配對）
	能指認三種形狀（○、△、□）	課程中以各類物品做形狀的引導，如球形餅干或色球……，再從積木組合、各類幾何圖形板操作中配對分類、指認形狀 ・圓形 ・三角形 ・正方形		∨ ∨ ∨		下學期繼續做形狀分類及形狀名稱表達
知	能聽從指示拿一定數目的東西（一～五個）	在介紹各類物品時，加入數的概念，例如一支牙刷、二個碗、三部汽車……，並透過買賣遊戲實際了解數目的意義 ・1的概念 ・2的概念 ・3的概念 ・4的概念 ・5的概念	∨ 12/28 ∨ 12/28 ∨ 12/31	 ∨ ∨		會用手比，下學期可由此延伸

（續上表）

領域	目　　　標	活　　　動	評　量　結　果			決定
			通　　過	須協助	待加強	
認	能依名稱指出圖片	配合語言活動的進行。當孩子認識物品實物或模型後，讓孩子從物品、圖片的配對，進而做圖片的指認，或在一張較複雜的圖中找出指定的圖案 ・五官 ・軀幹 ・盥洗用具 ・餐具 ・文具 ・寢具 ・電器 ・掃除用具 ・醫藥類 ・衣著類 ・交通工具　（請參考課程設計表）		✓ ✓ ✓ ✓ ✓ ✓ ✓ ✓ ✓ ✓ ✓		能配對圖片內容，但因聽力問題影響指認方面的能力
知	能依物品的功能做分類	在介紹各種物品時，除做各物的功能認識操作外，並加強物品之使用 ・洗臉用 ・刷牙用 ・洗澡用 ・吃飯用 ・畫畫剪貼用 ・睡覺用 ・受傷用 ・打掃用	✓ 12/8 ✓ 12/8 ✓ 12/8 ✓ 10/15 ✓ 10/19 ✓ 10/22 ✓ 11/5 ✓ 11/2			在以圖片解說或動作提示下可做分類，下學期可安排其他學習內容

(3)精細動作領域

融合式學前特教班個別化教育方案期末評量表

幼生姓名：甲生　　　　　　　　　　　　　領域：精細動作

評量者：＿＿＿＿＿　　　　　　　　　　　實施期限：82.9～83.1

領域	目　　標	活　　動	評量結果			決定
			通過	須協助	待加強	
精 細 動 作	能仿畫線條（不超出線兩旁 0.5 cm）	在課程進行中搭配認知、語言活動，描線或仿畫 ・長約 5cm 之直線 ・○ ・△ ・□ ・▭	✓ 11/5	✓ ✓ ✓ ✓		可安排較複雜的圖案仿畫或剪貼
	能線內著色（不超出線兩旁 1cm）	在課程進行中，搭配認知、語言活動以加深物品概念 ・衣褲 ・餐具 ・交通工具	✓ 12/17 ✓ 10/25 ✓ 12/31			不須再強調此目標，但有空仍可練習
	能剪直線	剪色紙、圖畫紙 ・1cm ・2cm ・3cm ・5cm	✓ 12/31 ✓ 12/31	✓ ✓		可更換紙的材料
	能剪彎線	剪色紙、圖畫紙 ・⌒ ・⌐		✓ ✓		有機會仍可多練習

(4)遊戲／社會領域

融合式學前特教班個別化教育方案期末評量表

幼生姓名：甲生　　　　　　　　　　　　　　領域：遊戲／社會
評量者：＿＿＿＿＿　　　　　　　　　　　　實施期限：82.9～83.1

活動／教具	目　標	評量結果	社會技巧												備註
			模仿	分享／交換	要求分享與交換	提供點子	問他人	協助	輪流	與人合作	帶動別人	角色扮演	負向互動	與老師溝通	
娃娃模型組（小人偶、桌椅、嬰兒床……等小模型）	會轉動小人偶由站姿⇔坐姿	✓	✓										✓		看別人玩的很好,偶爾會搶過來玩
	能正確玩十分鐘以上	✓													
醫務組（聽診器、血壓計、針……等設備模型）	會正確使用器材	✓													
	會利用器材做扮演遊戲	✓	✓						✓						
餐具組＋食物模型	會正確使用器材	✓													
	會利用器材做扮演遊戲（煮菜……）	✓	✓		✓										
美容樓＋娃娃（美容院設備模型）	會正確使用器材	✓	✓												
	會利用器材做扮演遊戲（幫娃娃洗頭、幫小朋友剪頭髮……）	△	✓										✓		

（續上表）

活動／教具	目標	評量結果	社會技巧												備註
			模仿	分享／交換	要求分享與交換	提供點子	問他人	協助	輪流	與人合作	帶動別人	角色扮演	負向互動	與老師溝通	
華富山莊＋華富積木	會堆疊、組合積木	✓													有時看到別人的作品會想歸屬自己
	會利用積木做造型	△	✓											✓	
	會參考圖案(樣本)做造型	×													
電池、發條玩具	會旋轉玩具之發條	✓													
	會正確操作開、關(on, off)	✓			✓										
形狀積木(木製泡棉)	會堆疊、排列積木	✓													
	會利用積木做造型	✓	✓												
	會爲所做之造型命名	×													

（續上表）

活動／教具	目　標	評量結果	社　會　技　巧											備　註
			模仿	分享／交換	要求分享與交換	提供點子	問他人	協助	輪流	與人合作	帶動別人	角色扮演	負向互動	與老師溝通	
黏土＋工具	會搓、揉黏土	✓												✓	有時會看上別人的作品而想佔為己有
	會將黏土搓成圓球或長條	✓													
	會利用黏土做造型	△	✓												
	會為所做之造型命名	✕													
	會利用輔助工具（麵棍、塑膠刀）	✓													
交通工具模型＋軌道組	會聯結軌道	✓													喜歡的玩具會想多玩一會（如玩具車）
	能正確玩十分鐘以上	✓	✓										✓		

※ ✓ 表通過　△ 表須協助　✕ 表待加強

⑸社會行為領域

融合式學前特教班個別化教育方案期末評量表

幼生姓名：甲生 領域：社會行為

評量者： 實施期限：82.9～83.1

領域	目　　標	活　　動	評　量　結　果			決定
			通　　過	須協助	待加強	
社	能與母親分開三十分鐘以上，且不會顯得焦慮不安	於課程進行中隨時評估	∨ 11/5			
會	想玩同伴在玩的玩具時，會事先徵求同伴的同意	在戶外時評估		∨		須多給予指導，下學期繼續
行	能依要求和別的小朋友分享玩具或東西	在小組中評估	∨ 11/19			
為	能遵守團體遊戲規則	在小組及大團體中評估		∨		可能因聽力的問題，可安排簡單些之遊戲

2.乙生

(1)認知領域

融合式學前特教班個別化教育方案期末評量表

幼生姓名：乙生　　　　　　　　　　　　　　　領域：認知

評量者：＿＿＿＿＿　　　　　　　　　　　　實施期限：82.9～83.1

領域	目　標	活　動	評　量　結　果			決定
			通　過	須協助	待加強	
認	能指認三種顏色（紅、黃、藍）	課程中以衣物、毛巾、牙刷、杯子……等各類物品隨機進行顏色教學，並透過畫圖、染色……等遊戲介紹三原色 ・紅色 ・黃色 ・藍色	∨ 12/31 ∨ 12/31	∨		多複習，可再多認識一、二種顏色
	能指認三種形狀（○、△、□）	課程中以各類物品做形狀的引導，如球形餅干或色球……，再從積木組合、各類幾何圖形板操作中配對分類、指認形狀 ・圓形 ・三角形 ・正方形	∨ 11/26	∨ ∨		下學期繼續執行
知	能聽從指示拿一定數目的東西（一～五個）	在介紹各類物品時，加入數的概念，例如一支牙刷、二個碗、三部汽車……，並透過買賣遊戲實際了解數目的意義 ・1 的概念 ・2 的概念 ・3 的概念 ・4 的概念 ・5 的概念	∨ 12/28 ∨ 12/28 ∨ 12/28 ∨ 12/31	∨		可延伸至數概 5 以後

（續上表）

領域	目　　標	活　　動	評　量　結　果			決定
			通　過	須協助	待加強	
認	能依名稱指出圖片	配合語言活動的進行。當孩子認識物品實物或模型後，讓孩子從物品、圖片的配對，進而做圖片的指認，或在一張較複雜的圖中找出指定的圖案（請參考課程設計表） ・五官 ・軀幹 ・盥洗用具 ・餐具 ・文具 ・寢具 ・電器 ・掃除用具 ・醫藥類 ・衣著類 ・交通工具		ˇ ˇ ˇ ˇ ˇ ˇ ˇ ˇ ˇ ˇ ˇ		可安排其他學習內容，注意其發音之聲調
知	能依物品的功能做分類	在介紹各種物品時，除做各物的功能認識操作外，並加強物品之使用 ・洗臉用 ・刷牙用 ・洗澡用 ・吃飯用 ・畫畫剪貼用 ・睡覺用 ・受傷用 ・打掃用	ˇ 10/8 ˇ 10/8 ˇ 10/8 ˇ 10/15 ˇ 10/19 ˇ 10/22 ˇ 11/5 ˇ 11/2			可安排其他學習內容

(2)語言領域

融合式學前特教班個別化教育方案期末評量表

幼生姓名：乙生　　　　　　　　　　　　　　　　　領域：語言

評量者：＿＿＿＿＿　　　　　　　　　　　　　　　實施期限：82.9～83.1

領域	目　　標	活　　動	評　量　結　果			決定
			通　　過	須協助	待加強	
語	能說出圖片中常見物品的名稱	先介紹實物，透過操作、觀察認識物品進而做圖片指認。本學期進行的有 ・五官（眼、耳……） ・軀幹（手、腳……） ・盥洗用具（毛巾、牙刷……） ・餐具（碗、筷、湯匙……） ・文具（筆、剪刀、膠水……） ・寢具（棉被、床……） ・電器（電視、冰箱……） ・掃除用具（掃把、抹布……） ・醫藥（藥水、棉花……） ・衣著（衣服、帽子、襪子……） ・交通工具（車、船、飛機……）	∨ 9/21 ∨ 10/1 ∨ 10/8 ∨ 10/15 ∨ 10/19 ∨ 10/22 ∨ 10/29 ∨ 11/2 ∨ 11/5 ∨ 12/3 ∨ 1/21			可安排其他學習內容，注意其發音之聲調
言	能敘述日常用品的功能	先由老師示範，再由孩子實際操作，在遊戲中敘述或展現物品功能（並做安全教育），本學期進行的有 ・盥洗用品 ・餐具 ・文具 ・寢具 ・電器 ・掃除用具 ・醫藥 ・衣著類　（請參考課程設計表）	∨ 10/8 ∨ 10/15 ∨ 10/19 ∨ 10/22 ∨ 10/29 ∨ 11/2 ∨ 11/5 ∨ 12/3			可安排其他學習內容

（續上表）

領域	目　　　標	活　　　動	評　量　結　果			決定
			通　　過	須協助	待加強	
語	能簡單回答問句「××在做什麼？」	在遊戲中或課程物品的操作中進行問答，以人偶、圖片方式呈現 ・「你在做什麼？」 ・「娃娃在做什麼？」 ・看圖說話「××在做什麼？」 此活動較隨機，配合物品的使用，如答案可能是吃飯、穿衣服、看電視（動詞＋名詞）	v 10/12 v 12/3 v 12/31			可更換問答內容或加深內容
言	能說句型：主詞＋動詞＋名詞（如爸爸在開車）	在課程中，利用教過之物做隨機教學	v 1/21			可更換問答內容或加深內容

(3)精細動作領域

融合式學前特教班個別化教育方案期末評量表

幼生姓名：乙生　　　　　　　　　　　　　　　　領域：精細動作

評量者：＿＿＿＿＿　　　　　　　　　　　　　　實施期限：82.9～83.1

領域	目　標	活　動	評量結果			決定
			通　過	須協助	待加強	
精　細　動　作	能仿畫線條（不超出線兩旁0.5 cm）	在課程進行中搭配認知、語言活動，描線或仿畫 ・長約5cm之直線 ・○ ・△ ・□ ・▭	v 11/5 v 11/26 v 11/26 v 11/26	v		可安排仿畫較複雜之線條或圖案
	能線內著色（不超出線兩旁1cm）	在課程進行中，搭配認知、語言活動以加深物品概念 ・衣褲 ・餐具 ・交通工具	v 12/17 v 10/25 v 12/31			不須再強調此目標了，但有空仍可練習從一複雜圖案中找出形狀或著色
	能剪直線	剪色紙、圖畫紙 ・1cm ・2cm ・3cm ・5cm	v 12/31 v 12/31 v 12/31	v		可更換紙的材質
	能剪彎線	剪色紙、圖畫紙 ・⌒ ・⌐	v 12/31	v		有機會仍可多練習

(4)遊戲／社會領域

融合式學前特教班個別化教育方案期末評量表

幼生姓名：乙生　　　　　　　　　　　　領域：遊戲／社會

評量者：＿＿＿＿＿　　　　　　　　　實施期限：82.9～83.1

活動／教具	目標	評量結果	社會技巧												備註
			模仿	分享／交換	要求分享與交換	提供點子	問他人	協助	輪流	與人合作	帶動別人	角色扮演	負向互動	與老師溝通	
娃娃模型組（小人偶、桌椅、嬰兒床……等小模型）	會轉動小人偶由站姿⇔坐姿	✓									✓	✓			
	能正確玩十分鐘以上	✓													
醫務組（聽診器、血壓計、針……等設備模型）	會正確使用器材	✓													若別人想當醫生，他會生氣，喜歡別人當病人給他診治
	會利用器材做扮演遊戲	✓	✓										✓		
餐具組＋食物模型	會正確使用器材	✓													
	會利用器材做扮演遊戲（煮菜……）	✓			✓				✓						
美容檯＋娃娃（美容院設備模型）	會正確使用器材	✓													對此玩具較無興趣，可選較中性之玩具
	會利用器材做扮演遊戲（幫娃娃洗頭、幫小朋友剪頭髮……）	✓											✓		

米 ✓：通過　△須協助　×待加強

（續上表）

活動／教具	目標	評量結果	社會技巧												備註
			模仿	分享／交換	要求分享與交換	提供點子	問他人	協助	輪流	與人合作	帶動別人	角色扮演	負向互動	與老師溝通	
華富山莊＋華富積木	會堆疊、組合積木	✓													
	會利用積木做造型	△		✓										✓	
	會參考圖案（樣本）做造型	×													
電池、發條玩具	會旋轉玩具之發條	✓													
	會正確操作開、關(on, off)	✓			✓				✓						
形狀積木（木製泡棉）	會堆疊、排列積木	✓													堅持使用的形狀沒有時，有時會拿別人的
	會利用積木做造型	✓	✓									✓	✓		
	會為所做之造型命名	△													

（續上表）

活動／教具	目　　標	評量結果	社　　會　　技　　巧												備　　註
			模仿	分享／交換	要求分享與交換	提供點子	問他人	協助	輪流	與人合作	帶動別人	角色扮演	負向互動	與老師溝通	
黏土＋工具	會搓、揉黏土	∨													有時會模仿別人的作品
	會將黏土搓成圓球或長條	∨													
	會利用黏土做造型	△	∨										∨	∨	
	會為所做之造型命名	△													
	會利用輔助工具（麵棍、塑膠刀）	∨													
交通工具模型＋軌道組	會聯結軌道	∨													會要求別人照他的模式，否則會不高興
	能正確玩十分鐘以上	∨	∨										∨		

※∨表通過　△表須協助　×表待加強

(5)社會行為領域

融合式學前特教班個別化教育方案期末評量表

幼生姓名：乙生　　　　　　　　　　　　　　領域：社會行為

評量者：＿＿＿＿＿　　　　　　　　　　　　實施期限：82.9～83.1

領域	目　　　標	活　　　動	評　量　結　果			決定
			通　過	須協助	待加強	
社 會 行 為	能依要求和別的小孩分享玩具或東西	在小組及遊戲中評估	∨ 11/19			
	能主動對同伴及熟悉的大人打招呼	在來校及回家時評估		∨		可多給予提示
	・能主動說「謝謝」	在課程中評估		∨		可多給予提示
	・能主動說「再見」	在回家時評估	∨ 12/28			
	想玩同伴在玩的玩具時，會事先徵求同伴的同意	在遊戲及戶外時評估		∨		在提示下會做到，但看到喜歡或需要之物則會忘記，可提示「借我」、「給我」……等日常用語

3.丙生

(1)認知領域

融合式學前特教班個別化教育方案期末評量表

幼生姓名：丙生　　　　　　　　　　　　　　　　　領域：認知

評量者：＿＿＿＿＿　　　　　　　　　　　實施期限：82.9～83.1

領域	目　　　標	活　　　動	評 量 結 果			決定
			通　　過	須協助	待加強	
認	能指認三種顏色（紅、黃、藍）	課程中以衣物、毛巾、牙刷、杯子……等各類物品隨機進行顏色教學，並透過畫圖、染色……等遊戲介紹三原色 ・紅色 ・黃色 ・藍色			ˇ ˇ ˇ	對顏色的指認概念仍模糊，但會做顏色的配對，可繼續加強常見顏色的辨認
	能指認三種形狀（○、△、□）	課程中以各類物品做形狀的引導，如球形餅乾或色球……，再從積木組合、各類幾何圖形板操作中配對分類、指認形狀 ・圓形 ・三角形 ・正方形		ˇ ˇ ˇ		會配對形狀，但無法指認，須再加強
知	能聽從指示拿一定數目的東西（一～五個）	在介紹各類物品時，加入數的概念，例如一支牙刷、二個碗、三部汽車……，並透過買賣遊戲實際了解數目的意義 ・1的概念 ・2的概念 ・3的概念 ・4的概念 ・5的概念	ˇ 12/31 ˇ 12/31	ˇ	ˇ ˇ	下學期可繼續執行

（續上表）

領域	目　　標	活　　動	評　量　結　果			決定
			通　過	須協助	待加強	
認	能依名稱指出圖片	配合語言活動的進行。當孩子認識物品實物或模型後，讓孩子從物品、圖片的配對，進而做圖片的指認，或在一張較複雜的圖中找出指定的圖案 ·五官 ·軀幹 ·盥洗用具 ·餐具 ·文具 ·寢具 ·電器 ·掃除用具 ·醫藥類 ·衣著類 ·交通工具 （請參考課程設計表）		✓ ✓ ✓ ✓ ✓ ✓ ✓ ✓ ✓ ✓ ✓		可擴充認識其他物品內容
知	能依物品的功能做分類	在介紹各種物品時，除做各物的功能認識操作外，並加強物品之使用 ·洗臉用 ·刷牙用 ·洗澡用 ·吃飯用 ·畫畫剪貼用 ·睡覺用 ·受傷用 ·打掃用	✓ 10/8 ✓ 10/8 ✓ 10/8 ✓ 10/15 ✓ 10/19 ✓ 10/22 ✓ 11/5 ✓ 11/2			可擴充其他類物品的認知層面

(2)語言領域

融合式學前特教班個別化教育方案期末評量表

幼生姓名：丙生　　　　　　　　　　　　　　　　領域：語言

評量者：＿＿＿＿　　　　　　　　　　　實施期限：82.9～83.1

領域	目　　標	活　　動	評　量　結　果			決定
			通　過	須協助	待加強	
語	能說出圖片中常見物品的名稱	先介紹實物，透過操作、觀察認識物品進而做圖片指認。本學期進行的有 ・五官（眼、耳……） ・軀幹（手、腳……） ・盥洗用具(毛巾、牙刷……) ・餐具（碗、筷、湯匙……） ・文具（筆、剪刀、膠水……） ・寢具（棉被、床……） ・電器（電視、冰箱……） ・掃除用具(掃把、抹布……) ・醫藥（藥水、棉花……） ・衣著（衣服、帽子、襪子……） ・交通工具（車、船、飛機……）	✓ 9/21 ✓ 10/1 ✓ 10/8 ✓ 10/15 ✓ 10/19 ✓ 10/29 ✓ 11/2 ✓ 12/3	✓ ✓ ✓		大都以口語加動作表示，一般說來兩個字以上的會拖延一陣子，如牙——刷，需多給予說詞的機會，並請家長利用課後多給予複習，並多做口腔遊戲以協助其口齒的清晰度
言	能敘述日常用品的功能	先由老師示範，再由孩子實際操作，在遊戲中敘述或展現物品功能（並做安全教育），本學期進行的有 ・盥洗用品 ・餐具 ・文具 ・寢具 ・電器 ・掃除用具 ・醫藥 ・衣著類 （請參考課程設計表）	✓ 10/8 ✓ 10/15 ✓ 10/19 ✓ 11/2 ✓ 12/3	✓ ✓ ✓		同上

（續上表）

領域	目　　　標	活　　　動	評　量　結　果			決定
			通　過	須協助	待加強	
語	能簡單回答問句「××在做什麼？」	在遊戲中或課程物品的操作中進行問答，以人偶、圖片方式呈現 ・「你在做什麼？」 ・「娃娃在做什麼?」 ・看圖說話「××在做什麼？」 此活動較隨機，配合物品的使用，如答案可能是吃飯、穿衣服、看電視（動詞＋名詞）		✓	✓ ✓	須加強配合認知活動，下學期可再多給予此類練習機會
言	能正確使用人的所有格	在課程中、遊戲中隨時指導及評估 ・我的 ・他的 ・老師的	✓ 12/10	✓ ✓		除我的，其餘均以手勢表示較多，可加強此方面的練習

⑶精細動作領域

融合式學前特教班個別化教育方案期末評量表

幼生姓名：丙生　　　　　　　　　　　　領域：精細動作

評量者：＿＿＿＿＿　　　　　　　　　　實施期限：82.9〜83.1

領域	目　標	活　動	評量結果			決定
			通　過	須協助	待加強	
精 細 動 作	能仿畫線條（不超出線兩旁0.5cm）	在課程進行中搭配認知、語言活動，描線或仿畫 ・長約5cm之直線 ・○ ・△ ・□ ・▭		v v v v v		須多給予細動方面的練習，下學期可增加細動目標課程的練習
	能線內著色（不超出線兩旁1cm）	在課程進行中，搭配認知、語言活動以加深物品概念 ・衣褲 ・餐具 ・交通工具		v v v		同上
	能剪直線	剪色紙、圖畫紙 ・1cm ・2cm ・3cm ・5cm	v 12/24	v v	v	同上
	能剪彎線	剪色紙、圖畫紙 ・⌒ ・⌐			v v	同上

(4)遊戲／社會領域

融合式學前特教班個別化教育方案期末評量表

幼生姓名：丙生　　　　　　　　　　　　領域：遊戲／社會
評量者：＿＿＿＿＿　　　　　　　　　　實施期限：82.9～83.1

活動／教具	目　標	評量結果	社　會　技　巧												備　註
			模仿	分享／交換	要求分享與交換	提供點子	問他人	協助	輪流	與人合作	帶動別人	角色扮演	負向互動	與老師溝通	
娃娃模型組（小人偶、桌椅、嬰兒床……等小模型）	會轉動小人偶由站姿⇔坐姿	v													
	能正確玩十分鐘以上	v	v											v	
醫務組（聽診器、血壓計、針……等設備模型）	會正確使用器材	v													
	會利用器材做扮演遊戲	v													
餐具組＋食物模型	會正確使用器材	v	v		v								v	
	會利用器材做扮演遊戲（煮菜……）	v	v								v		v	
美容檯＋娃娃（美容院設備模型）	會正確使用器材	v													
	會利用器材做扮演遊戲（幫娃娃洗頭、幫小朋友剪頭髮……）	v			v									

（續上表）

活動／教具	目標	評量結果	社會技巧												備註
			模仿	分享／交換	要求分享與交換	提供點子	問他人	協助	輪流	與人合作	帶動別人	角色扮演	負向互動	與老師溝通	
華富山莊＋華富積木	會堆疊、組合積木型	✓													
	會利用積木做造型	△		✓										✓	
	會參考圖案（樣本）做造型	✗													
電池、發條玩具	會旋轉玩具之發條	✓													
	會正確操作開、關 (on, off)	✓			✓				✓						
形狀積木（木製泡棉）	會堆疊、排列積木	✓													
	會利用積木做造型	△		✓											
	會為所做之造型命名	✗													

（續上表）

活動／教具	目　標	評量結果	社　　會　　技　　巧												備　　註
			模仿	分享／交換	要求分享與交換	提供點子	問他人	協助	輪流	與人合作	帶動別人	角色扮演	負向互動	與老師溝通	
黏土＋工具	會搓、揉黏土	v													
	會將黏土搓成圓球或長條	v													
	會利用黏土做造型	△	v										v		
	會為所做之造型命名	×													
	會利用輔助工具（麵棍、塑膠刀）	v													
交通工具模型＋軌道組	會聯結軌道	v													不太喜歡玩此項玩具
	能正確玩十分鐘以上	v	v										v		

※ v 表通過　△表須協助　×表待加強

(5)社會行為領域

融合式學前特教班個別化教育方案期末評量表

幼生姓名：丙生　　　　　　　　　　　　　　領域：社會行為

評量者：＿＿＿＿　　　　　　　　　　　　　實施期限：82.9～83.1

領域	目　　標	活　　動	評　量　結　果			決定
			通　　過	須協助	待加強	
社 會 行 為	能遵守團體遊戲規則	在小組及大團體遊戲中評估		∨		須安排較簡單之遊戲規則
	想玩同伴在玩的玩具時，會事先徵求同伴的同意	在遊戲及戶外遊戲中評估	∨ 12/17			
	・能主動說「謝謝」	在課程中評估		∨		多在適當時機給予暗示
	・能主動說「再見」	在回家時評估	∨ 11/5			
	能主動對同伴及熟悉的大人打招呼	於來校及回家時評估	∨ 11/11			

4.丁生

⑴認知領域

融合式學前特教班個別化教育方案期末評量表

幼生姓名：丁生　　　　　　　　　　　　　　　　領域：認知

評量者：＿＿＿＿＿　　　　　　　　　　　　實施期限：82.9～83.1

領域	目　　　　標	活　　　　動	評　量　結　果			決定
			通　過	須協助	待加強	
認	能指認三種顏色（紅、黃、藍）	課程中以衣物、毛巾、牙刷、杯子……等各類物品隨機進行顏色教學，並透過畫圖、染色……等遊戲介紹三原色 ・紅色 ・黃色 ・藍色			✓ ✓ ✓	評估時因病請假一個半月，下學期可繼續執行
	能指認三種形狀（○、△、□）	課程中以各類物品做形狀的引導，如球形餅干或色球……，再從積木組合、各類幾何圖形板操作中配對分類、指認形狀 ・圓形 ・三角形 ・正方形	✓ 11/26	✓ ✓		可在下學期繼續執行
知	能聽從指示拿一定數目的東西（一～五個）	在介紹各類物品時，加入數的概念，例如一支牙刷、二個碗、三部汽車……，並透過買賣遊戲實際了解數目的意義 ・1 的概念 ・2 的概念 ・3 的概念 ・4 的概念 ・5 的概念			✓ ✓ ✓ ✓ ✓	會唱數，但數數和數概則須加強，評估時因通過次數未達標準，可在下學期繼續執行

（續上表）

領域	目 標	活 動	評 量 結 果			決定
			通 過	須協助	待加強	
認	能依名稱指出圖片	配合語言活動的進行。當孩子認識物品實物或模型後，讓孩子從物品、圖片的配對，進而做圖片的指認，或在一張較複雜的圖中找出指定的圖案 ・五官 ・軀幹 ・盥洗用具 ・餐具 ・文具 ・寢具 ・電器 ・掃除用具 ・醫藥類 ・衣著類 ・交通工具 （請參考課程設計表）	∨ 9/21 ∨ 10/1 ∨ 10/8 ∨ 10/15 ∨ 10/19 ∨ 10/22 ∨ 10/29 ∨ 11/2 ∨ 11/5 病中未教 ∨ 1/25			可安排其他學習內容
知	能依物品的功能做分類	在介紹各種物品時，除做各物的功能認識操作外，並加強物品之使用 ・洗臉用 ・刷牙用 ・洗澡用 ・吃飯用 ・畫畫剪貼用 ・睡覺用 ・受傷用 ・打掃用	∨ 10/8 ∨ 10/8 ∨ 10/8 ∨ 10/15 ∨ 10/19 ∨ 10/22 ∨ 11/5 ∨ 11/2			可安排其他學習內容

(2)語言領域

融合式學前特教班個別化教育方案期末評量表

幼生姓名：丁生　　　　　　　　　　　　　　領域：語言

評量者：＿＿＿＿＿　　　　　　　　　　　實施期限：82.9～83.1

領域	目　標	活　動	評　量　結　果			決定
			通　過	須協助	待加強	
語	能說出圖片中常見物品的名稱	先介紹實物，透過操作、觀察認識物品進而做圖片指認。本學期進行的有 ·五官（眼、耳……） ·軀幹（手、腳……） ·盥洗用具(毛巾、牙刷……) ·餐具（碗、筷、湯匙……） ·文具（筆、剪刀、膠水……） ·寢具（棉被、床……） ·電器（電視、冰箱……） ·掃除用具(掃把、抹布……) ·醫藥（藥水、棉花……） ·衣著（衣服、帽子、襪子……） ·交通工具（車、船、飛機……）	∨ 9/21 ∨ 10/1 ∨ 10/8 ∨ 10/15 ∨ 10/19 ∨ 10/29 ∨ 11/2 ∨ 12/3 ∨ 1/21	 ∨ ∨		可安排其他學習內容，注意其說話節律
言	能敘述日常用品的功能	先由老師示範，再由孩子實際操作，在遊戲中敘述或展現物品功能（並做安全教育），本學期進行的有 ·盥洗用品 ·餐具 ·文具 ·寢具 ·電器 ·掃除用具 ·醫藥 ·衣著類　（請參考課程設計表）	∨ 10/8 ∨ 10/15 ∨ 10/19 ∨ 10/22 ∨ 10/29 ∨ 11/2 ∨ 11/5 ∨ 12/3			同上

（續上表）

領域	目　　標	活　　動	評　量　結　果			決定
			通　　過	須協助	待加強	
語	能簡單回答問句「××在做什麼？」	在遊戲中或課程物品的操作中進行問答，以人偶、圖片方式呈現 ・「你在做什麼？」 ・「娃娃在做什麼？」 ・看圖說話「××在做什麼？」 此活動較隨機，配合物品的使用，如答案可能是吃飯、穿衣服、看電視（動詞＋名詞）	∨ 10/12 ∨ 12/3 病假未做此項			下學期繼續
言	能說句型：主詞＋動詞＋名詞（如爸爸在吃飯）	在課程中，利用教過之物做隨機指導及評估		∨		下學期繼續

(3)精細動作領域

融合式學前特教班個別化教育方案期末評量表

幼生姓名：丁生　　　　　　　　　　　　　領域：精細動作
評量者：＿＿＿＿＿＿　　　　　　　　　　實施期限：82.9～83.1

領域	目　　　標	活　　　動	評　量　結　果			決定
			通　過	須協助	待加強	
精 細 動 作	能仿畫線條（不超出線兩旁0.5cm）	在課程進行中搭配認知、語言活動，描線或仿畫 ・長約5cm之直線 ・○ ・△ ・□ ・▭	✓ 11/5 ✓ 11/26	✓ ✓	✓	可多做點連線再給予仿畫
	能線內著色（不超出線兩旁1cm）	在課程進行中，搭配認知、語言活動以加深物品概念 ・衣褲 ・餐具 ・交通工具		✓ ✓ ✓		在家可再給予練習機會，尚不懂其含意，下學期亦可繼續執行
	能剪直線	剪色紙、圖畫紙 ・1cm ・2cm ・3cm ・5cm	✓ 11/19		✓ ✓ ✓	可指導使用剪刀的技巧
	能剪彎線	剪色紙、圖畫紙 ・⌒ ・ヿ			✓ ✓	可教剪直線、橫線等簡單技巧

(4)遊戲／社會領域

融合式學前特教班個別化教育方案期末評量表

幼生姓名：丁生　　　　　　　　　　　　　　領域：遊戲／社會

評量者：＿＿＿＿＿　　　　　　　　　　　　實施期限：82.9〜83.1

活動／教具	目標	評量結果	社會技巧												備註
			模仿	分享／交換	要求分享與交換	提供點子	問他人	協助	輪流	與人合作	帶動別人	角色扮演	負向互動	與老師溝通	
娃娃模型組（小人偶、桌椅、嬰兒床……等小模型）	會轉動小人偶由站姿⇔坐姿	✓													
	能正確玩十分鐘以上	✓												✓	
醫務組（聽診器、血壓計、針……等設備模型）	會正確使用器材	✓												✓	
	會利用器材做扮演遊戲	✓	✓											✓	
餐具組＋食物模型	會正確使用器材	✓													
	會利用器材做扮演遊戲（煮菜……）	✓	✓		✓						✓			✓	
美容櫃＋娃娃（美容院設備模型）	會正確使用器材	✓													
	會利用器材做扮演遊戲（幫娃娃洗頭、幫小朋友剪頭髮……）	△												✓	

（續上表）

活動／教具	目　標	評量結果	社　會　技　巧										備　註
			模仿	分享／交換	要求分享與交換	提供點子	問他人	協助	輪流	與人合作	帶動別人	角色扮演	負向互動	與老師溝通
華富山莊＋華富積木	會堆疊、組合積木	v												有時會搶自己需要的那一塊積木
	會利用積木做造型	△								v		v		
	會參考圖案（樣本）做造型	×												
電池、發條玩具	會旋轉玩具之發條	△												
	會正確操作開、關 (on, off)	△			v			v						
形狀積木（木製泡棉）	會堆疊、排列積木	v												
	會利用積木做造型	v	v				v					v		
	會為所做之造型命名	v												

（續上表）

活動／教具	目標	評量結果	社會技巧												備註
			模仿	分享／交換	要求分享與交換	提供點子	問他人	協助	輪流	與人合作	帶動別人	角色扮演	負向互動	與老師溝通	
黏土＋工具	會搓、揉黏土	∨													
	會將黏土搓成圓球或長條	∨													
	會利用黏土做造型	△		∨											
	會為所做之造型命名	×													
	會利用輔助工具（麵棍、塑膠刀）	∨													
交通工具模型＋軌道組	會聯結軌道	∨													
	能正確玩十分鐘以上	∨	∨										∨		

※∨表通過　△表須協助　×表待加強

(5)社會行為領域

融合式學前特教班個別化教育方案期末評量表

幼生姓名：丁生　　　　　　　　　　　　　　領域：社會行為

評量者：＿＿＿＿　　　　　　　　　　　　　實施期限：82.9～83.1

領域	目　標	活　動	評　量　結　果			決定
			通　過	須協助	待加強	
社	能依要求和別的小孩分享玩具或東西	在小組及遊戲中評估		∨		下學期可繼續執行（或許年齡大些會好一點）
會	能主動對同伴及熟悉的大人打招呼	於來校及回家時評估	∨ 1/25			
行	能遵守團體遊戲中的規則	在小組及大團體中評估		∨		從一些簡單的規則做起
為	想玩同伴在玩的玩具時，會事先徵求同伴的同意	在遊戲及戶外遊戲中評估		∨		下學期可繼續執行，並練習「借我」、「換我」……等日常用語

四、建議

根據以上的一週教學計畫內容，分別評估各學習領域之連貫性，並提出下列建議：

（一）**認知領域教學部分**

　　1.幼兒需求方面

　　　⑴課程內容應考慮到個別差異，並兼顧幼兒的需要，這組四個特殊幼兒（甲、乙、丙、丁）的程度差異性很大，因此設計活動時需考慮到他們的差異性，才能適合他們的需要。

　　　⑵計畫表中所安排的認知課程多為圖片與實物的配對及分類，從表上可以很清楚的看出，所教導的實物多為食品、用具等，應提供幼兒多樣化及實用的課程，並兼顧多種教學領域，餅乾等食品可以放在點心時間，碗、盤等亦可放在點心時間教，無需另闢時間來教。

　　　⑶活動內容應富創意及變化，若每天認知的課程均做配對與分類之事，幼兒可能會厭煩，應在活動上加以變化，同一技巧可以用多種方法來教。

　　　⑷課程內容應多加一些日常生活所需的認知技巧，例如長短、粗細等概念。

　　　⑸特殊幼兒需要常常複習已教過的東西，每隔一段時間應把新舊單元學習內容融合在一起。

2.課程連續性方面

　　⑴由計畫表中得知，課程內容較無連續性。這一週所上的課和下一週的課，彼此並無關聯，無論是在概念的學習或是學習目標上，每週課程完全獨立，應加強單元間的連貫。

　　⑵每週的課程並未針對前面已學過的做複習，僅有少數部分提出來複習，如此幼兒可能無法有深刻的印象。

　　⑶許多認知的概念如顏色、大小等只是偶爾提到，形狀概念常被忽略，讓幼兒缺少很多學習的機會。

　　⑷活動設計應兼顧幼兒間的個別差異，內容應安排不同難易的目標，才能使幼兒各取所需。

　　⑸活動應多樣化，可以給予很多視覺上、聽覺上的教材及應用教學媒體，不可限於配對及分類。

　　⑹教材的內容應以日常生活最常使用到、接觸到的物品為主，而且應兼顧多項領域，如科學、量等領域。

　　⑺每一週的課程應在下一週裡做簡單的複習，將已學過的融入下一週的課程裡，以加深幼兒的印象。

　　⑻數、形狀、顏色等基本概念可融入任何單元的教學中，不須另闢單元來教。

　　⑼五官的認識先從認識自己開始，再轉至大人、洋娃娃，讓幼兒舉一反三。

　　⑽用真實的物品替代玩具，例如：教衣服時可拿真的衣服來教。

㈡感官／精細領域教學部分

　1.感官領域

　　⑴課程目標應包含各種感官活動（嗅覺、味覺、視覺、聽覺、觸

覺）。

⑵活動應與日常生活事物結合，以日常生活常見之物品為教具教材，例如要體驗酸的感覺時用較酸的水果（如葡萄柚）會比酸梅來的恰當。

⑶說明應簡單，並使用幼兒聽得懂的語言。

⑷課程設計應有連續性，由淺入深。

⑸教學遊戲化。

⑹各種感官活動應分布均勻。

⑺依幼兒程度之不同，施與不同之教育方案。

⑻課程設計之活動目標，應由淺漸深、循序漸近，同一禮拜的難易程度皆相同時，會忽略某些幼生之需求。

⑼教完後應評量幼兒之學習效果，並依幼兒之學習效果調整教學內容。

⑽前一天活動之經驗可做為第二天學習活動的基礎。

⑾課程內容前後相呼應，使幼兒有機會練習前面學過的技巧，以達類化的效果。

⑿增加觸覺的刺激，以減少觸覺防禦。

⒀可增加眼睛注視物品的活動。

2. 精細領域

⑴提供的活動大部份著重在著色、仿畫上。

⑵活動的過程較呆板，缺乏變化性及延伸性之目標（如捏黏土時只要求捏出人的五官），會限制幼生之興趣及創意，可依幼生能力捏出不同的作品。

⑶對於能力差者（如丁生無法參與時），應設計其它活動。

(4)內容較適合甲生及丙生的能力。

(5)活動的種類比較缺少，可加入串珠、剪等活動。

(6)勞作活動占了大部份，較少安排生活上之必需技巧如倒、插放，或是擠、壓等使用工具技巧，或是較具功能性的技巧如打開、蓋上。

(三)遊戲／社會領域教學部分

建議如下：

1.玩具種類應多樣化，安排能表現探索遊戲、功能性遊戲、扮演遊戲的器材，以提供多樣刺激。

2.對有些特殊幼兒，應從引起他的注意開始，再引導他遊戲。

3.活動應不僅限於靜態的操弄玩具，尚可加入一些動態活動，如玩沙、玩水，如此一來，便可增加幼兒的社會互動。

4.遊戲及社會技巧應以玩具為主，而非教具，如此較能引起幼兒的興趣。

5.普通及特殊幼兒一起玩時，除了遊戲的目標外，亦應加入社會性的目標，如分享、輪流等目標。

(四)大動作領域教學部分

建議如下：

1.兼顧手腳的動作訓練。

2.對於需要復健的幼兒，可利用戶外時間做一些動作訓練，但以治療師建議的項目為主。

3.看不出教學層次，未呈現難易不同的目標。

4.動作訓練時可加入語言目標，語言教學太少了。

㈤語言領域教學部分

建議如下：

1. 從遊戲中學習語言較為容易，多設計遊戲，在遊戲情境中，提供「說」的機會。

2. 簡短的故事或圖片的問答，可增進語言理解。

3. 在下指令之前，應先做示範，幼兒較易完成指令。

4. 仿說之後，最好立刻接著認知理解或動作，如要仿說坐下，就直接做出坐下的動作，這樣概念才易形成。

5. 在要求幼兒拿出大球時，應先教大及小的辨別。

6. 語言的理解應先從實物之名詞理解開始，再到動詞的理解。

7. 仿說的內容要富生活化，且要有連續性。

8. 聽從指令之課程可增加，以增進幼兒之語言理解能力。

9. 厚卡片書很適合特殊幼兒使用，既可訓練其學習一頁頁翻書，更可利用其特殊的設計（如可以拉、摸）訓練觸覺，更可做為看圖說話用，應增加使用厚卡片書的次數。

期末評量

　　期末評量乃是將整學期教學內容做一總結性評量，評量項目中亦包括個別化教育方案中的教學目標，由於每學期教學內容不同，期末評量內容亦隨之不同，不過仍集中在語言、認知、動作、社會及生活自理這五個領域的教學項目，以下將列出二份完整的期末評量範例以供參考。

一、範例一

(一)社會領域之評量

融合式學前特教班期末評量表

教學日期：＿＿＿＿＿＿　　　　　　　　編　號：＿＿＿＿＿＿

適用對象：＿＿＿＿＿＿　　　　　　　　設計者：＿＿＿＿＿＿

領域	目　標	評　量　結　果			建　議
		成　功	協助才會	尚待努力	
社	聽到自己的名字會舉手或答「有」				
	會和老師互道午安				
	能指認班上孩子的相片				
	能指認班上的老師				
	上課時能坐在位子上不離位				
	能和他人互相推滾球				
	能模仿老師動作（摸頭）				
	能模仿老師動作（拍肚子）				
會	能模仿老師動作（拍肩膀）				
	能模仿老師動作（手插腰）				

（續上表）

領域	目 標	評 量 結 果			建 議
		成 功	協助才會	尚待努力	
社	能模仿老師動作（扭屁股）				
	能模仿老師動作（拍地板）				
	會參與團體遊戲：丟手帕				
	會參與團體遊戲：搶椅子				
	會參與團體遊戲：打棒球				
	會參與團體遊戲：保齡球				
會	會參與團體遊戲：汽球傘				
	會參與團體遊戲：袋鼠跳				
	玩遊戲時會輪流等待				

※未教之項目不須評量

※總評

(二)大動作領域之評量

融合式學前特教班期末評量表

教學日期：＿＿＿＿＿＿　　　　　　　　編　號：＿＿＿＿＿＿

適用對象：＿＿＿＿＿＿　　　　　　　　設計者：＿＿＿＿＿＿

領域	目　標	評　量　結　果			建　議
		成　功	協助才會	尚待努力	
大 動 作	會爬				
	原地雙腳跳				
	往前跳				
	會前滾翻				
	會側滾翻				
	會傳接球				
	會跨過高約十公分的障礙物				
	趴在滑板上時能運用雙手使滑板前進				
	能吊單槓約五秒				
	會攀爬繩網				
	站在搖搖板上能保持平衡				

※未教之項目不須評量

※總評

㈢精細動作領域之評量

融合式學前特教班期末評量表

教學日期：_____ 　　　　　　編　號：_____

適用對象：_____ 　　　　　　設計者：_____

領域	目　標		評　量　結　果			建　議
			成　功	協助才會	尚待努力	
精細動作：美勞	使用工具	剪刀				
		水彩				
	黏土造形	捏麵人				
	撕	直線				
		隨意撕				
		斜線				
	剪	直線				
		曲線				
		隨意剪				
	貼	隨意貼				
		固定範圍				
	摺	摺紙飛機				
		摺手帕				
		摺直線、對摺				
	編結	打死結				
	握筆練習（仿畫）	＋				
		〜〜				
		─				
		／				
		｜				
		＜				
		○				

（續上表）

領域	目 標		評 量 結 果			建 議
			成 功	協助才會	尚待努力	
精細動作：視動協調	抓拿	刷畫、畫畫				
		撿豆子				
		夾彈珠				
		擠彩糊				
		打洞機				
	插放	插牙籤				
		插洞				
	穿串	穿珠子				
		穿線板				
	腕力	彩糊畫				
		印染				
		揉紙團				
		扭毛巾、抹布				

※未教之項目不須評量

※總結

㈣語言領域之評量

融合式學前特教班期末評量表

教學日期：_____　　　　　　　編　號：_____

適用對象：_____　　　　　　　設計者：_____

領域	目	標	評 量 結 果			建　　議
			成　功	協助才會	尚待努力	
語言：語言準備	下顎	左右擺動				
	舌頭	伸縮				
		捲舌發馬蹄聲				
		舔上下唇				
		舔左右邊				
		舔口一圈				
	呼氣（吹氣）	吹紙片				
		吹蠟燭				
		吹乒乓球				
		吹畫				
		對鏡呵氣				
	吸氣	深呼吸				
		用吸管喝飲料				
		吸香水				
	唇齒	雙唇閉合				
		上齒咬下唇				
		齒咬舌				
		抿唇				

（續上表）

領域	目　標		評　量　結　果			建　　　議
			成　功	協助才會	尚待努力	
語言：發音練習	韻母	ㄚ				
		ㄧ				
		ㄨ				
		ㄟ				
		ㄛ				
	聲母	ㄅ				
		ㄆ				
		ㄇ				
		ㄈ				
	音之結合	ㄅ→ㄅㄚˋ、ㄅㄨˊ				
		ㄆ→ㄆㄨˊ、ㄆㄧ				
		ㄇ→ㄇㄠˋ、ㄇㄧ、ㄇㄚ				
		ㄈ→ㄈㄟ、ㄈㄚˇ				
語言：聽能（聽辨能力）	聲音辨別	分辨聲音之大小				
		分辨聲音之有無				
		分辨樂器聲是哪種樂器				
		分辨聲音之快慢				
		會模仿簡單的節奏				
		能說出老師拍幾下鈴鼓				
		能找出所聽到聲音的卡片（耳聰目明）				

（續上表）

領域		目　　　　標	評　量　結　果			建　　議
			成　功	協助才會	尚待努力	
語言：表達	兒歌	會仿唸兒歌				
		會自己唸完一首兒歌				
		能背誦兒歌三首以上				
	看圖說話	單張圖卡				
		常見動物（指出）				
		常見水果（指出）				
		常見電器（指出）				
		常見餐具（指出）				
		常見交通工具（指出）				
		常見動物（說出）				
		常見水果（說出）				
		常見電器（說出）				
		常見餐具（說出）				
		常見交通工具（說出）				
		能指出五官部位				
		能說出五官部位				
	需要表達（說出完整句子）	我要吃……				
		我要去……				

（續上表）

領域	目	標	評 量 結 果			建 議
			成 功	協助才會	尚待努力	
語言：模仿	動作	摸肚子				
		梳頭髮				
		刷牙				
		踏腳				
		拍手				
	動物叫聲	雞叫				
		貓叫				
		狗叫				
		羊叫				

※未教之項目不須評量

※總結

㈤認知領域之評量

融合式學前特教班期末評量表

教學日期：_____　　　　　　編　號：_____

適用對象：_____　　　　　　設計者：_____

目　　　標			評　量　結　果			建　　　議
			成　功	協助才會	尚待努力	
認知：基本概念	對應	一對一				
	形狀	認識圓形				
		認識三角形				
		認識正方形				
		認識長方形				
	顏色	認識紅色				
		認識黃色				
		認識藍色				
		認識綠色				
		認識橙（橘）色				
		認識紫色				
		認識黑色				
		認識白色				
		認識粉紅色				
		認識棕色（咖啡色）				
	序列	三張故事卡				
		大小				
		長短				
		顏色				

（續上表）

領域	目		標	評 量 結 果			建 議
				成 功	協助才會	尚待努力	
認知：基本概念	唱數		1～1				
			1～20				
			1～30				
			1～50				
			1～100				
	數數		1～3				
			1～5				
			1～10				
			1～20				
	數概		1～3				
			1～5				
			1～10				
			1～20				
	認數		1～5				
			1～10				
			1～20				

（續上表）

領域	目	標	評 量 結 果			建 議
			成 功	協助才會	尚待努力	
認知：量與實測		能分辨大小				
		能分辨長短				
		能分辨高矮				
		能分辨胖瘦				
		能分辨冷熱				
		能分辨軟硬				
		能分辨多少				
		能分辨大小				
		能分辨快慢				
	空間概念	知道上				
		知道下				
		知道前				
		知道後				
		知道裡				
		知道外				
		知道左				
		知道右				
	認識錢幣	一元				
		五元				
		十元				
	其他	分辨天氣				

※未教之項目不須評量

※總評

㈥生活自理領域之評量

融合式學前特教班期末評量表

教學日期：＿＿＿＿＿＿　　　　　　　　　　編　　號：＿＿＿＿＿＿

適用對象：＿＿＿＿＿＿　　　　　　　　　　設計者：＿＿＿＿＿＿

領域	目	標	評 量 結 果			建　　議
			成　功	協助才會	尚待努力	
生活自理		飯後會收拾餐盤剩菜				
		會將垃圾丟入垃圾桶內				
	鞋	自己穿鞋				
		自己脫鞋				
	衣服	會使用衣架將衣服掛好				
		會摺衣服				
		會解開大釦子三個				
		會扣上大釦子三個				
	如廁	如廁後會自己穿好衣服褲子				
		如廁後會洗手				
		如廁後穿褲子（將褲子拉高）				
		如廁時拉下褲子				
	吃	吃完點心會將碗放入碗籃中				
		吃完點心會擦桌子				
		將垃圾丟入垃圾桶				

（續上表）

領域	目	標	評量結果			建 議
			成功	協助才會	尚待努力	
生活自理	喝	拿杯子倒水喝				
		關水龍頭				
		將衣服套在頭上				
		擦鼻涕				

※未教之項目不須評量

※總結

(七)社會領域之評量

融合式學前特教班期末評量表

教學日期：_____ 編　號：_____

適用對象：_____ 設計者：_____

領域	目	標	評 量 結 果			建　　議
			成　功	協助才會	尚待努力	
社會	表示	以微笑表示喜歡				
		以點頭表示「要」				
	遵守規則	與小朋友和好相處				
		和小朋友牽手排隊				
		與他人輪流玩玩具				
		以輕拍代替重拍向他人打招呼				
		和老師互相推滾球				

※未教之項目不須評量

※總結

二、範例二

　　以評量好的範例闡述整學期上課的內容及幼生學習的情形，將某生學習之情形作一總語性評量，並發給家長。

㈠認知領域之評量

融合式學前特教班期末評量表

姓名：鄭××　　　　　　　　　　　　　期間：＿＿＿＿＿

評　量　內　容	結果	備註
眼睛注視定點至少三秒鐘	∨	
看著說話者的眼睛及臉	∨	
注視玩具並伸向它	∨	
頭和眼睛隨著物體移動，會注視圖片	∨	
上課時注視老師	△	
專注於團體活動五分鐘以上	△	前段活動會十分專心
對老師教過的遊戲及兒歌會有反應	∨	
參與兒歌及童謠	△	
能說或仿說兒歌及童謠		
能說句子		
能仿說，對新的活動會感興趣	∨	音樂活動
對簡單的機械式玩具能表現出興趣		
玩不同種類的玩具以產生不同的效果	△	
能一手握住一些東西，把物品先放在一處，再拿一些東西		
用自己的身體表現具體的動作（學鳥飛、學大象）	△	
聽到音樂會做老師教過的動作	△	
能指認相同的東西		
能分辨大小		
能排列大小順序		

（續上表）

評　量　內　容	結果	備　　　註
能分辨長短		
能分辨輕重		
能分辨高矮		
能認識兩種顏色以上		
老師點名時能舉手答「有」	∨	有時很大聲
上課時視線能跟隨老師手上的物品移動	△	
能找尋或拿出發生的東西	△	
瞭解不同時間作不同的活動		
能數數		
對各種不同味道的東西願意嚐試並有不同反應	∨	喜歡酸

※○表很好　△表尚可　×表須加強

※未教之項目不須評量

(二)語言領域之評量

融合式學前特教班期末評量表

姓名：鄭××　　　　　　　　　　　　　期間：_____

評　量　內　容	結果	備註
會喃喃兒語	∨	
會用肢體語言		
會模仿動物的叫聲		
會發出愉快的聲音	∨	
會仿說	∨	
能發出正確的音	∨	
能說句子		
模仿老師教的動作	△	
能模仿連續的動作（一站一蹲跳）	∨	
將新學的歌表現在不同的場合（在家哼哼唱唱，並且能做老師教過的動作）		
上課時能立即模仿老師的動作及語言		
用聲音吸引別人的注意	∨	
聽到熟悉的聲音會安靜	∨	
分辨生氣及友善的聲音	∨	
能聽從老師的指令	△	
隨狀況不同會表現出不同的表情	∨	
能記住兒歌歌謠並參與動作		
仿唱兒歌音調		
用不同方式來反應音樂（如拍手、跳）	∨	
用動作及聲音來表達需求	∨	

（續上表）

評　量　内　容	結果	備註
會用語言請求協助		有時會說好
會跟老師問好	△	
會跟同伴說再見	△	
會說謝謝	∨	
用轉身或推開表示不喜歡或不要吃	∨	
會用或不用手勢來表達		
能聽從兩個連續動作的指令	∨	
能在圖片中找到物品		
能說出圖片中物品的名稱		
會指認簡單的圖片		
能指認常見的物品		
能認識每位小朋友		
說出小朋友的名字		
說出自己的名字		
能說出物品的名稱		
能指認五官	△	
能說出二種五官的名稱		
能說出五官的名稱		
上課時能注視老師五分鐘以上		
上課時能注視老師十分鐘以上		
會隨老師的指令將物品放好或傳遞	△	
能知道物品的功能		

（續上表）

評　量　內　容	結果	備註
能說出物品的功能		
會說要上廁所		
能仿說單字		
能仿說簡單的句子		
能說出完整的句子		
能使用簡單的稱謂（老師、媽媽、爸爸、叔叔、阿姨）		
能回答正在做什麼的問題		
會使用形容詞		
能使用單字		
能使用簡單的句子		
在遊戲時能和同學對話		
能問老師簡單的問題		
能說出因果關係的句子（例如：因為太重所以拿不動）		
用動作來回答簡單的問題		
用口語來回答簡單的問題		
喜歡聽故事	△	

※○表很好　△表尚可　×表須加強

※未教之項目不須評量

(三)社會溝通領域之評量

融合式學前特教班期末評量表

姓名：鄭××　　　　　　　　　　　　　期間：_____

評　量　內　容	結果	備　註
會請老師幫忙		
能自己獨立完成一件事		
到新環境時能不害怕或不安	∨	
能對新環境感到好奇，能表達自己的喜好	∨	
會獨立選擇玩具及娛樂自己	∨	
在小組時能專心學習	△	
會自我鼓勵		
對熟悉的大人溝通有所回應	∨	
能適當回應和大人的接觸	∨	
對音調變化有反應	∨	
當別人笑時會重複表演		
希望自己上台表演		
對熟悉的大人會主動要求抱抱或其他情感上的要求	∨	
對家人以外的人會抱抱、親親或牽手	∨	
要求注意		
遊戲或活動時會笑出聲	∨	
能認識其他小朋友的爸媽或家人		
起初拒絕陌生人，但可隨時適應		
強烈依賴父母或照顧他的人	×	
照顧者離開視線範圍內時會哭鬧或不安	×	

（續上表）

評　量　內　容	結果	備　註
有接近陌生人的意願	∨	
能在熟悉環境中和父母或照顧者分離	∨	
幫老師收拾環境	△	
願意觸摸寵物	∨	
能說謝謝	∨	
能和熟悉的大人維持良好的互動，會與其分享食物及玩具	∨	
模仿大人做家事		
幫忙家事		
在要求下會收玩具	∨	
行為上顯得固執及無彈性	×	
驚喜時能表現快樂的模樣	∨	
能和同伴一同玩玩具，或遊戲時能和同伴輪流進行活動及玩玩具，不據為己有	∨	
會和同伴合作完成一件事	△	在老師的安排下
能遵守吃的行為及禮儀	△	
遵守活動及遊戲規則	△	
以適當行為代表哭泣	△	

※○表很好　△表尚可　×表須加強
※未教之項目不須評量

㈣大動作領域之評量

融合式學前特教班期末評量表

姓名：鄭××　　　　　　　　　　　　期間：＿＿＿＿＿

評　量　內　容	結果	備　註
撐起身子四足著地	∨	
肚子貼地爬	∨	
能自由翻轉身體	∨	
能在協助下完成仰臥起坐	∨	
能蹲著一分鐘以上	△	
蹲著玩並能自己不扶物體	∨	
坐時可向遠處拿東西	∨	
爬得很好	∨	
扶著時能單腳站立	∨	
單腳站不需協助	△	
站立時踢踢腳	△	
能跑得很好不會跌倒（五～十公尺）	∨	
跑時能越過障礙	∨	
上樓梯不需協助可以走不摔跤	∨	
上樓梯不需協助能一腳一梯不摔跤	∨	
可以不用扶手自己獨立上下樓	△	
扶著時雙腳可自發性的上下跳	∨	
原地雙腳跳	△	
立定雙腳往前跳	△	
單腳原地跳	△	

（續上表）

評　量　內　容	結果	備　註
雙腳能跳過一個矮東西	△	
能將球推到一個目的地	∨	
能將球投到一個目標處	∨	
能將球推上斜坡，並往下推	∨	
會站著踢球	∨	
會坐著踢球	∨	
能玩遊樂場器材	∨	
能翻觔斗	∨	
能作彎腰動作	∨	

※○表很好　△表尚可　×表須加強

※未教之項目不須評量

(五)精細動作領域之評量

融合式學前特教班期末評量表

姓名：鄭××　　　　　　　　　　　　期間：＿＿＿＿＿＿

評 量 內 容	結果	備 註
用手打擊樂器	△	
能握住彩帶	△	
能將彩帶往上拋、往下拋、左右搖	△	
能使用容器倒水	△	
會使用湯匙	△	
用手指撕色紙	△	
能將貼紙撕起並貼上	△	
能用手打開蓋子	△	
能蓋上蓋子	△	
能轉動瓶蓋	△	
能串連物品	△	
能將物品排成一直線	△	積木
能將彈珠投到桶子裡	△	
能拿蠟筆塗鴉	△	
能使用油漆的刷子上下塗抹牆壁	△	
能使用剪刀	×	
能使用剪刀剪斷紙	×	
會捏起一塊油土	△	
能壓平油土	△	
能將油土揉成球形	△	

（續上表）

評　　量　　內　　容	結果	備　註
能用工具油土		
能用木刀將油土切小塊	△	
能將物品堆疊	△	

※○表很好　△表尚可　×表須加強

※未教之項目不須評量

㈥生活自理領域之評量

融合式學前特教班期末評量表

姓名：鄭××   期間：＿＿＿＿＿

評　量　內　容	結果	備　註
會穿衣服	△	
會脫衣服	△	
會穿襪子	△	
會脫襪子	△	
會穿鞋子	△	
會脫鞋子	△	
會將鞋子擺在自己的鞋櫃	△	
會自己使用湯匙	△	
能自己吃東西	△	
能將點心吃完	△	
能自己去尿尿		
會用語言表示想上廁所		
會用動作表示想上廁所	△	

※○表很好　△表尚可　×表須加強

※未教之項目不須評量

㈦戶外活動／社會學習領域之評量

融合式學前特教班期末評量表

姓名：鄭×× 期間：＿＿＿＿＿＿

評　量　內　容	結果	備　註
能排隊	△	
能和同伴手牽手	∨	
不害怕陌生環境	∨	
不會獨自離開隊伍	△	
能遵守秩序並且有禮貌	△	
能全程參與整個戶外的活動	∨	
在戶外仍能聽從老師的指令	△	
能獨自行走不需依靠照顧者	∨	學期末較不願意走動
能和同伴及大朋友分享食物	∨	
會和其他小孩玩		
會顯得格外高興	∨	

※○表很好　△表尚可　×表須加強

※未教之項目不須評量

永然法律事務所聲明啟事

　　本法律事務所受心理出版社之委任爲常年法律顧問，就其所出版之系列著作物，代表聲明均係受合法權益之保障，他人若未經該出版社之同意，逕以不法行爲侵害著作權者，本所當依法追究，俾維護其權益，特此聲明。

永然法律事務所

李永然律師

特殊教育 40

融合式學前特教班教學手冊

作　　　者：吳淑美
總　編　輯：吳道愉
執行編輯：陳怡芬
發　行　人：邱維城
出　版　者：心理出版社有限公司
社　　　址：台北市和平東路二段 163 號 4 樓
總　　　機：(02) 27069505
傳　　　眞：(02) 23254014
郵　　　撥：0141866-3
　E-mail：psychoco@ms15.hinet.net
駐美代表：Lisa Wu
　　　　Tel：973 546-5845　　Fax：973 546-7651
法律顧問：李永然
登　記　證：局版北市業字第 1372 號
印　刷　者：翔勝印刷有限公司
初版一刷：1999 年 1 月

ISBN 957-702-301-0

國家圖書館出版品預行編目資料

融合式學前特教班教學手冊／吳淑美著. － 初
版. － 臺北市：心理， 1999〔民88〕
面； 公分. － （特殊教育；40）

ISBN 957-702-301-0 (平裝)

1. 特殊教育 － 教學法 2. 學前教育 － 教學
法

529.6   87016693

讀者意見回函卡

No.＿＿＿＿＿＿　　　　　　　　　　　填寫日期：　年　月　日

感謝您購買本公司出版品。為提升我們的服務品質，請惠填以下資料寄回本社【或傳真(02)2325-4014】提供我們出書、修訂及辦活動之參考。您將不定期收到本公司最新出版及活動訊息。謝謝您！

姓名：＿＿＿＿＿＿＿＿＿＿　　性別：1□ 男 2□ 女

職業:1□ 教師 2□ 學生 3□ 上班族 4□ 家庭主婦 5□ 自由業 6□ 其他＿＿＿＿

學歷:1□ 博士 2□ 碩士 3□ 大學 4□ 專科 5□ 高中 6□ 國中 7□ 國中以下

服務單位：＿＿＿＿＿＿＿＿　部門：＿＿＿＿＿＿職稱：＿＿＿＿

服務地址：＿＿＿＿＿＿＿＿＿＿電話：＿＿＿＿＿傳真：＿＿＿＿

住家地址：＿＿＿＿＿＿＿＿＿＿電話：＿＿＿＿＿傳真：＿＿＿＿

書名：＿＿＿＿＿＿＿＿＿＿＿＿＿＿＿＿＿＿＿＿

一、您認為本書的優點：（可複選）

　❶□ 內容 ❷□ 文筆 ❸□ 校對❹□ 編排❺□ 封面 ❻□ 其他＿＿＿

二、您認為本書需再加強的地方：（可複選）

　❶□ 內容 ❷□ 文筆 ❸□ 校對❹□ 編排 ❺□ 封面 ❻□ 其他＿＿＿

三、您購買本書的消息來源：（請單選）

　❶□ 本公司 ❷□ 逛書局⇨＿＿＿＿書局 ❸□ 老師或親友介紹

　❹□ 書展⇨＿＿書展 ❺□ 心理心雜誌 ❻□ 書評 ❼□ 其他＿＿＿

四、您希望我們舉辦何種活動：（可複選）

　❶□ 作者演講❷□ 研習會❸□ 研討會❹□ 書展❺□ 其他＿＿＿＿

五、您購買本書的原因：（可複選）

　❶□ 對主題感興趣 ❷□ 上課教材⇨課程名稱＿＿＿＿＿＿＿

　❸□ 舉辦活動 ❹□ 其他＿＿＿＿＿＿＿　　（請翻頁繼續）

| 廣 | 告 | 回 | 信 |

台灣北區郵政管理局登記證

北 台 字 第 8133 號

（免貼郵票）

 心理出版社有限公司

台北市106和平東路二段163號4樓

TEL:(02)2706-9505

FAX:(02)2325-4014

EMAIL:psychoco@ms15.hinet.net

沿線對折訂好後寄回

六、您希望我們多出版何種類型的書籍

　　❶□ 心理❷□ 輔導❸□ 教育❹□ 社工❺□ 測驗❻□ 其他

七、如果您是老師，是否有撰寫教科書的計劃：□有□ 無

　　書名/課程：_____

八、您教授/修習的課程：

　　❶上學期：_____

　　❷下學期：_____

　　❸進修班：_____

　　❹暑　假：_____

　　❺寒　假：_____

　　❻學分班：_____

九、您的其他意見

_____

謝謝您的指教！